民俗と実業の昭和史

渋沢敬三 傍流の巨人

畑中章宏

Akihiro HATANAKA

現代書館

はじめに――カメラを持つ男

その男はカメラをかまえて「鬼」を撮影している。カメラといっても写真を撮影するためのカメラではなく、動画を撮ることができる一六ミリフィルムカメラだ。恰幅がよく柔和な笑みを湛えた男は、当時非常に高価だったそんなカメラを手に入れることができる〝階層〟に属していたのだ。男がレンズを向けている「鬼」は、ふだんの棲《す》み処《か》から男によって連れてこられた。男は鬼の棲み処にも繰り返し足を運び、そこでもカメラをかまえてきたのである。

いかにも育ちのよさそうなその男の肩書は、まず民俗学者と言ってよい。いっぽうでその男は意に反して、祖父から多くの事業を受けついだ実業家としての顔も持っていた。その男の名はもちろん、渋沢敬三《しぶさわけいぞう》（一八九六～一九六三）である。

渋沢敬三は明治二九年（一八九六）年生まれ。号は「祭魚洞《さいぎょどう》」。祖父渋沢栄一から後継者になることを懇願されて実業界に入り、東京帝国大学経済学部卒業後、横浜正金銀行に入行する。その一方で「アチック・ミューゼアム（屋根裏の博物館）」を自邸で立ちあげ、多くの研究者を輩出した。自身も水産史、漁業史を民俗学の立場から研究し、昭和七年（一九三二）、静岡県の内浦で大川家文書を発見・整理して、『豆州内浦漁民史料』を刊行する。また東京保谷《ほうや》に日本民族学協会附属民族学博物館を開設し、アチック・ミューゼアムで収蔵していた民具をすべて寄贈するなど資料保存・文化財保護にも尽力した。また太平洋戦争終了前後に日本銀行総裁、大蔵大臣を務めている。公職追放を受けるが、解除後は国際電信電話（現・ＫＤＤＩ）初代社長、文化放送会長などを歴任。学術の面では学際的な組織、九学会（人類・民俗・地理・宗教・考古・心理・言語・社会・民族）連合会の会長を務めた。すぐれた後進を何人も育て、多くの編纂・企画・著作物を残して昭和三八年に没した――。

　これまで渋沢敬三について書かれた本は、民俗学者としての顔に光をあてたものと、実業家、経済人としての側面を掘りさげたもののどちらかであった。筆者は民俗学のほうの人間なので、できるかぎり渋沢のそちらの側に注目して、これから語っていくつもりだが、一つの人格が果たしたふたつの方面の仕事は、全く分裂したものではなかったことにも触れておきたいと思っている。

　そんな男について本書では、生涯、著作、思想の順に考えをめぐらせていく。すると、ふたつの方面、側面が、決して別々だったわけではなかったことがわかっていくはずだ。彼が加わるまでの民俗学は、実業を視野に入れていなかったし、実業・経済・経営を民俗学の視点から考えたものはほとんどなかった。しかし、カメラを持って鬼を追った男のなかでは、そのふたつはどのように共存していたのだろうか。

　渋沢敬三の名前は、実業家としては〝日本資本主義の父〟と呼ばれた渋沢栄一（一八四〇～一九三一）の孫であり後継者として、民俗学者、あるいはその組織者《オーガナイザー》としては『忘れられた日本人』を書いた宮本常一（一九〇七～一九八一）の支援者《パトロン》として語られることが多い。そして、渋沢が宮本に託した「大事なことは主流にならぬことだ。傍流でよく状況をみていくことだ」という言葉も知られている。しかし、渋沢敬三の言う傍流、非主流、現代風に言うならオルタナティブとは具体的にどういうことだったのか。本書ではこれから渋沢自身がそれを実践してきたことを跡づけていきたいと思う。

昭和5年（1930）4月14日三田綱町邸で槌を持つ渋沢敬三。前夜に行われた「花祭」公演で「茂吉鬼（もきちおに）」に扮したことを示す1枚。（企画展図録『祭魚洞祭（さいぎょどうまつり）——渋沢敬三没後50年企画展』渋沢栄一記念財団渋沢史料館、2013年）

傍流の巨人　渋沢敬三
――民俗と実業の昭和史＊目次

第三章　〈非主流〉の証明……135

第一章　〈民俗〉と〈実業〉のはざまで

1 〝日本資本主義の父〟の孫

●深川と三田の子ども時代

渋沢敬三は明治二九年（一八九六）八月二五日、父篤二、母敦子の長男として東京都江東区深川に生まれた。祖父は〝日本資本主義の父〟と呼ばれる渋沢栄一で父篤二はその長子だった。栄一は「篤」と「敬」の二字を好み、長子に「篤」、孫に「敬」をあてた。

渋沢家は東京深川の邸宅に家族一同で住んでいた。

自分の七、八歳くらいまでは、生れた深川の家には電気燈も水道もなかったし、僅かに裸火の瓦斯《ガス》（マントルなし）と行燈が併存し、飲み水は家の前の大島川へ売りに来る水船から買っていた。御飯は竈に薪を燃してたいていたし、便所へは生蠟の蠟燭をいちいちともして行ったのを覚えている。……大磯の、今はもうなくなった招仙閣という宿に行った時だと思う。疳《かん》の薬だといって蝗《いなご》を焼いて食わされ、また赤蛙の醬油のつけ焼を食べたことがある。蝗や赤蛙は何度も食べたが、今でも驚いているのは、一度わりに大きな黒蟻を三匹御飯に入れて食べさせられたことで、これは力が強くなるためだと教えられほんとにそうかと思ったことを覚えている。また足が強くなるようにといって、高麗神社の仁王門にぶらさがっていた大きな草鞋を自分の足を揚げてはさすったこともあった。十五夜の月を照ヶ崎で迎えて、赤い盆に生豆腐を捧げて海へ流したのは、どういう訳か教わらなかった。深川の家に大きな池があって一度落ちて死にそこなったことがある。その時助けてくれた書生さんの本名が奇妙なことに柳田国男といった。助けられて着物を換える時気がつくと、常時持っていた水天宮様のお札が二つに割れていたので、そのために助かったのだと女中達が本気で感嘆し合っていたのを覚えている。（渋沢敬三「うろ覚えの民俗」）

渋沢は乳母に随行されて、お茶の水の女子高等師範附属幼稚園に人力車で通っていた。その頃から、庭にある池を飽かずにながめていた。この池は、邸宅前の大島川と暗渠でつながり、そこから東京湾に結ばれていたため、潮の干満に応じて、ボラやウナギやフナ、ハヤなどのさまざまな魚が入ってきた。そこで「潮入りの池」と呼ばれた。

明治九年四月、渋沢栄一は深川福住町に土地と家作を購入し、同年八月に転居した。明治一〇年一〇月にはこの住宅の改修を行い、その設計施工を清水組（現・清水建設）二代目の清水喜助に依頼する。そしてすでに建っていた建物とは別に木造二階建ての「表座敷」を新築、明治一一年一一月に落成をみた。明治二一年一二月六日、栄一は日本橋区兜町（現・中央区日本橋兜町）に転居し、深川の住宅は長男の篤二と孫の敬三の住まいとなった。明治三八年、栄一は芝区三田綱町の敷地を購入して、同四一年、深川から建物を移築。この表座敷はその後、数度の移築や増改築を経て、平成三〇年（二〇一八）に清水建設が譲り受け、二年後に江東区潮見に再築を開始、令和五年（二〇二三）に工事が完了している。

明治三六年、渋沢敬三は東京高等師範学校附属小学校（現・筑波大学附属小学校）に入学すると、深川からお茶の水まで毎日歩いて通学した。永代橋をわたり、日本橋界隈を通りぬけて神田橋に出るコースで、片道四キロメートルに近い道のりだった。

明治三六年一月、東京でペストがはやったとき、水に囲まれた深川は、橋一本で日本橋方面につながっているだけなので、孤立同然になった。栄一は、大雨が降るたび深川の邸宅が浸水することもあって、飛鳥山に別邸を建てていたものの、明治三九年に三田綱町に移住することにした。

渋沢は三田に移ってからも、学校通学の片道は電車を利用したが、帰路は歩くことにしていた。渋沢はこうした通学で非常に健脚になった。深川時代の渋沢は仲間たちのリーダーだったが、三田へ移ると周囲は屋敷町で、友だちになる同世代が少なく、深川の仲間が深川から三田まで遊びに来てくれた。渋沢はこの仲間たちと、「腕白倶楽部」というサークルをつくり、回覧誌『腕白雑誌』を出した。

渋沢敬三には弟が二人いた。長弟の信雄は明治三一年生まれ、京都帝国大学哲学科を卒業後、ドイツ語の書籍を輸入する福本書院を共同で経営するかたわら、祖父栄一が設立に関わった秩父鉄道、東京製綱取締役、澁澤倉庫監査役に名を連ねた。音楽家・齋藤秀雄の妹の敦子と結婚、昭和四二年（一九六七）に没した。末弟の智雄は、明治三四年生まれで、北海道帝国大学農学部卒業後、澁澤倉庫常務を務め、昭和二二年に亡くなった。

●小さな生物への関心

明治四二年（一九〇九）に小学校を卒業した渋沢は、東京高等師範学校附属中学校（現・筑波大学附属中学校）に入学した。その頃、進化論を啓蒙していた丘浅次郎（一八六八〜一九四四）の影響を受けて、将来は動物学を専攻しようと考えていた。丘浅次郎は静岡県磐田郡《いわたぐん》掛塚町（現・磐田市）生まれ。東京帝国大学理科大学選科を卒業後ドイツに留学し、フライブルク大学でワイズマンに師事、ライプチヒ大学ではロイカルトに師事してヒルの体腔と血管系に関する論文を書き学位を得た。帰国後、山口高等学校を経て、東京高等師範学校教授となり、定年まで在職した。この間、ヒル、ホヤ、コケムシ、クラゲなど水生小動物を研究して多数の論文を発表。『進化論講話』『生物学講話』を著し、進化論の普及に大きな役割を果たした。

中学卒業までに渋沢が執筆した論文、レポートの表題は次のようなものである。「蛭四種について」「桐陰会臨時山岳会動物報告」「諏訪湖について」「金魚の音に関する知覚の一観察」「ダフネについて」「日本に於ける自然保護と記念物」「松平定信」「磐梯山付近の湖水に就て」「蟻の社会性」「我が尊敬するエーベリー卿の略伝と、卿の蟻・蜂に関する研究の一部について」。表題からもわかるとおり、「松平定信」以外は、すべて自然科学的な内容である。蛭、金魚、ダフネ（ミジンコの一種）、蟻、蜂などを取り上げているように、小さな生物を対象とすることが多く、またその社会性に目を向けていたのである。

中学から高校、大学と渋沢と同級で、のちに日本常民文化研究所理事長や石川島播磨重工常務を務めた中山正則（一八九六〜一九七二）によると、渋沢は中学四年生のとき、箱根の二子山や奥秩父の雲取山で蛙を採集したり、諏訪湖でプランクトンを採集したりしていたという。附属中学の水泳部があった千葉の富浦で、ネコザメに寄生する海蛭を採集し、丘浅次郎に贈って「珍しい」と褒められた。そして、大正三年にはイギリスの銀行家でしかも一流の考古学者だったエーベリー卿ことジョン・ラボックについての略伝を書いている。

ジョン・ラボック（一八三四〜一九一三）は、イングランド銀行の銀行員から頭取になり、さらに下院議員を務め、ロンドン大学の名誉総裁に推され、商工会議所の会頭も務めた人物である。ラボックは考古学者でもあり、またアマチュアの生物学者として『アリ、ミツバチとスズメバチ‥社会的膜翅目の習性の観察記録』という本を書いている。

なお後年、渋沢が大蔵大臣を務めていたとき、政務奏上のために天皇に拝謁したところ、たまたまヒドラやウミウシの話題になり、政務そっちのけで二時間近くも話しこんでしまった。その後に天皇が、「渋沢はいったい何の大臣であったか」と聞いたという逸話が残っている。

●父の廃嫡と祖父からの継嫡

大正二年（一九一三）に父篤二（一八七二〜一九三二）が廃嫡され、篤二の長男である敬三が栄一の嫡孫となった。
篤二は明治五年（一八七二）栄一・千代夫妻の長男として生まれた。一〇歳で母千代を亡くし、父栄一が再婚したため、姉夫婦に養育される。一四歳で竜門社の社長になり『竜門雑誌』刊行を開始。二〇歳で第五高等学校を中退し、栄一に謹慎を命じられたのち、二三歳で橋本実梁伯爵の五女敦子と結婚。栄一により渋沢家直轄事業として澁澤倉庫部が設立され、倉庫部長に就任（のち取締役会長）。義兄穂積陳重の渡欧に随行して、各国を歴訪し帰国後、第一銀行に勤務。新橋芸者・玉蝶（本名・岩本イト）との仲が新聞に報じられるなどの篤二の素行を憂いた栄一が篤二を廃嫡とし、篤二の長男である敬三を嫡孫とした。篤二は写真撮影、常磐津《ときわず》、都都逸《どどいつ》なども玄人はだしの趣味人だった。

渋沢は中学校を卒業するのと同じ時期（一九一五年）、祖父の栄一が渋沢同族株式会社を設立すると、同社の初代社長に就任した。

高校進学に際し、動物学者を志していた渋沢は、仙台の第二高等学校農科を志望していたが、栄一が懇願したため、二高の英法科に進学することになる。栄一との談判は持久戦で半年以上続き、実業家にならなくては日本は救われないという説得に折れたのだった。

仙台での生活では、中山正則らの世話で仏教道交会に入り、近角常観《ちかずみじょうかん》に師事した。大正六年には二高の英語科教師だったウォルター・デニング教授の旧邸を借りて「桐寮」という寮をつくり、七人の仲間と合宿を始めた。

渋沢家は江戸時代には武蔵国榛沢郡《はんざわぐん》血洗島《ちあらいじま》村（現・埼玉県深谷市）の豪農で、藍玉の製造販売と養蚕を兼営し、米、麦、野菜の生産も手がけた。江戸末期には、血洗島村には渋沢姓を名乗る家が一七軒あったため、家の位置によって「中ノ家《なかんち》」「前ノ家」「東ノ家」「古新宅」「新屋敷」などと呼んで区別した。栄一の父・市郎右衛門は「東ノ家」の当主二代目渋沢宗助（宗休）の三男として生まれたが、「中ノ家」に養子に入り、振るわなくなっていた家勢を立て直した。そして栄一が生まれた頃には「東ノ家」に次ぐ富農となった。

渋沢家の名前を一躍上げたのは、もちろん渋沢栄一、号青淵《せいえん》である。栄一は尊王攘夷運動に参加した後、京都に上京して一橋慶喜に仕え、慶応二年（一八六六）に慶喜が将軍になると幕臣になった。慶応三年から欧州視察に出て、帰国後の明治初頭に大蔵省に勤務し退官後は実業家となり、第一銀行、王子製紙、日本郵船、日本鉄道など多くの企業の創立に参画。渋沢財閥を築きあげるとともに日本資本主義の発展に貢献し、社会・教育・文化事業にも尽力した。

渋沢一族には、渋沢敬三以外にも文筆を得意とするものがいた。

栄一の四男、渋沢敬三の叔父にあたる渋沢秀雄（一八九二〜一九八四）も久保田万太郎の「いとう句会」の同人となり、「渋亭」の俳号で作句したほか、随筆や評論などの文筆活動でも知られている。東京帝国大学法科大学を卒業した秀雄は、実業の面では、日本興業銀行を経て田園都市株式会社に入社し、後に取締役となる。東京宝塚劇場取締役会長、東宝株式会社取締役会長などを歴任。公職追放解除後は、日本民間放送連盟民間放送番組審議会委員や日本放送連合会放送番組向上委員

渋沢敬三関係略系図

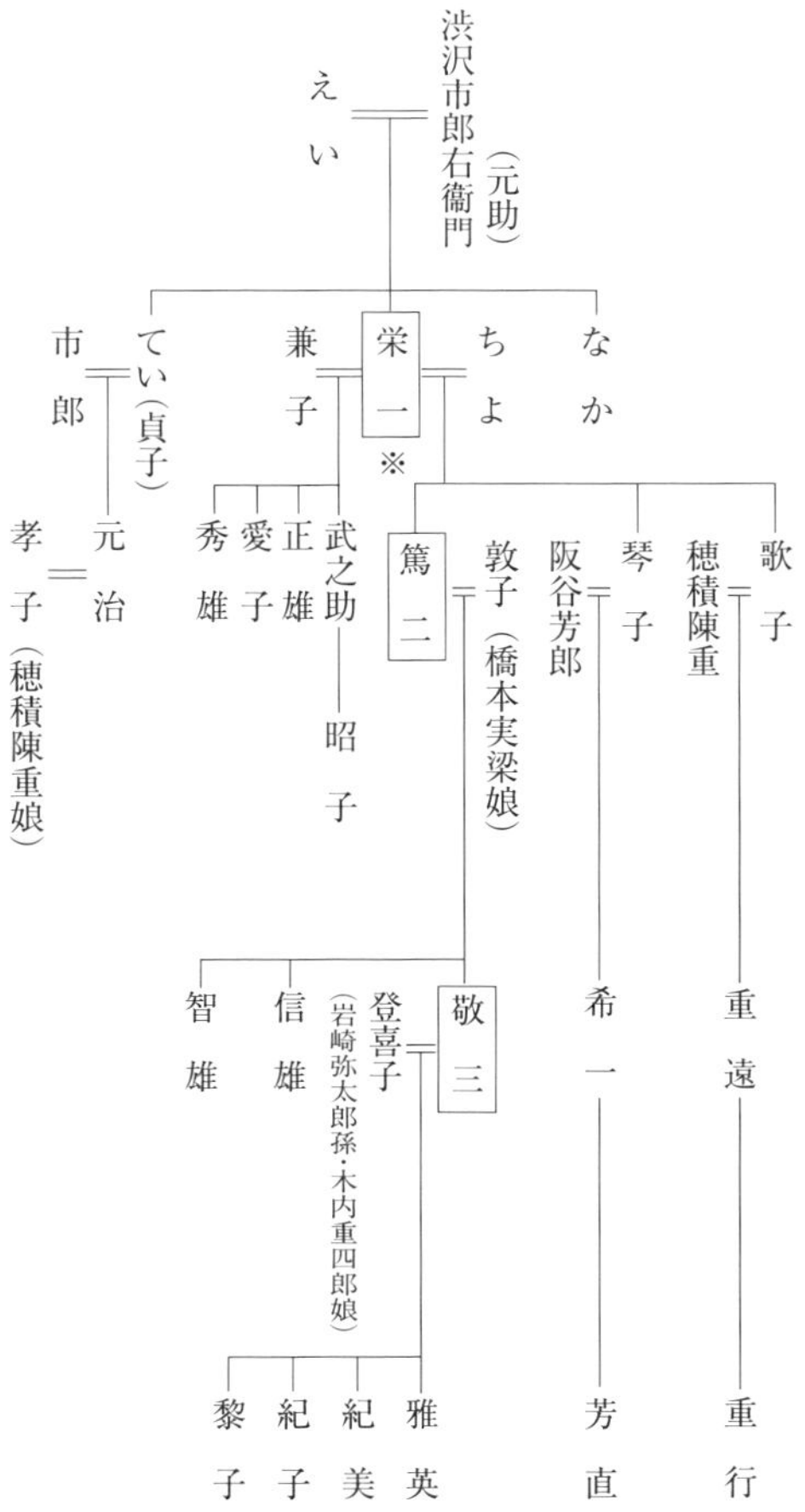

＊参考資料＝佐野眞一『渋沢家三代』ほか

を務めるなど、放送業界で活躍した。

ヨーロッパの異端文学・美術の研究、翻訳で知られる澁澤龍彦（一九二八〜一九八七）も栄一の遠戚で、血洗島村渋沢家の「東ノ家」の三代目渋沢宗助（徳厚。市郎右衛門の兄）の玄孫で栄一の甥にあたる。東京市芝区車町（現・東京都港区高輪）に銀行員渋沢武と節子（政治家・実業家磯部保次の長女）の長男として生まれ（本名は龍雄）、埼玉県川越市、東京市滝野川区中里（現・東京都北区中里）で育った。龍彦の幼年時代、栄一はまだ存命で、龍彦の妹の幸子は、母節子からこんな話を聞いたという。節子は夫の武と龍雄（龍彦）を連れて、血洗島に行ったことがある。その日はちょうど鎮守の祭で「中ノ家」で獅子舞をやるから「見においでください」というので見に行った。「私の隣りに栄一子爵がおすわりになって、獅子舞を見ていたら、おにいちゃん、オシッコしちゃったのあわてたわ」（澁澤幸子『澁澤龍彦の少年世界』）。なお敬三と龍彦は三十歳以上年齢が離れていて、接点はなかったようである。

●東大経済学部時代

大正七年（一九一八）、七月に第二高等学校を卒業、八月には東京帝国大学法科大学経済学科（翌年同科は経済学部となる）に進学。初年度の学生は数十人ほどで、二高からの進学者は七人だった。渋沢が、エリートコースだった法学部でなく、経済学部を選んだのは、社会問題、社会主義への関心があったことも理由のひとつだった。

当時の教授陣には新渡戸稲造（経済史、殖民政策）、金井延《のぶる》（工業政策）、山﨑覚次郎（貨幣論、銀行論）、高野岩三郎（統計学）、河合栄治郎（社会政策）、馬場鍈一（財政学）ら、助教授や助手には大内兵衛、森戸辰男、舞出長五郎らがいた。

渋沢は土屋喬雄《たかお》とともに山﨑覚次郎（一八六八～一九四五）の演習に参加した。

山﨑覚次郎は静岡県掛川に生まれ、東京帝国大学法科大学政治科、同大学院を経て、ドイツに留学。帰国後は、帝国大学工科大学、農商務省に勤め、東京高等商業学校教授、掛川銀行取締役などを歴任。法学部より独立した東京帝国大学経済学部で教授、経済学部長を務めた。中央大経済学部長兼商学部長、日本銀行顧問、金融学会初代理事会長。明治末からの貨幣論、金融論の大御所的存在だった。著書に『貨幣銀行問題一班』『限界効用学説史』、訳書に『大工業論』などがある。演習では経済史も担当していた。この演習で渋沢は、カール・ビュッヘルの工業発展段階説を参考にして、「日本における工業の発展段階」を実証的に研究するよう指導を受け、「本邦工業史に関する一考察」を提出した。この論文は経営史学者由井常彦《ゆいつねひこ》によると次のように評価できるという。

敬三は、在来の商工業のなかで代表的な織物業を研究対象に選び、関東各地の機業地に出かけて、技術と製造、流通と販売、資本と組織の諸側面を中心に実証的な研究を試みている。とくに原糸の入手から最終製品の製造まで行っている、行田《ぎょうだ》の足袋《たび》業には、特別な関心を払っている。卒業後も彼は、この織物業の卒業論文を自分の社会経済史の研究成果として身辺に置き、社会経済史の研究業績として以降自身の経歴のなかに記し、ロンドンへの出張（留学）に際してもこれを携帯している。（由井常彦『歴史の立会人』「第1章　渋沢敬三の学問、思想と人格形成」）

また宮本常一は、それは日本における多くの家内仕事、賃仕事、手工業などにもふれて技術的な展開を軸にしてまとめられたもので、民俗学への接近がうかがわれると語っている。しかし、それは柳田国男の影響によるものではなく、穂積陳重の法律進化論の影響をうけるところが大きかったとしている（宮本常一『渋沢敬三』）。

法学部から独立した東大経済学部は、社会主義や社会問題の研究を標榜する進歩的な学部として、人びとの注目するところだった。後年渋沢が日本銀行の副総裁から総裁に就任したとき、調査機能を重視した人事で外部から招聘したのは、大内兵衛ら東大経済学部の教授だった。

●横浜正金銀行入行

大正一〇年（一九二一）四月、渋沢は東京大学経済学部を卒業すると、第一銀行には入社せずに、「よそで修業すべく」横浜正金銀行に入行。月給は六三円であった。当時の正金銀行は外国為替専門の国際色のつよい特殊銀行で、渋沢が望んだばかりでなく、祖父栄一など周囲もこの進路に賛成だった。

翌大正一一年、貴族院議員・京都府知事を務めた木内重四郎の次女で、岩崎弥太郎の孫にあたる登喜子と結婚。渋沢は登喜子の兄である信胤《のぶたね》と大学時代に親交があり、よく家を訪れていた。

同年九月から家族同伴でイギリスのロンドン支店に出張、勤務。第一次大戦後もロンドンは世界の金融センターで、横浜正金銀行ロンドン支店も、日本人以外に少なからぬイギリス人を抱えていた。渋沢は栄一から、『論語』『孟子』をはじめとする中国古典を買いもとめてくるようにという要望を受け、その収集に努めた。また経済学、生物学、地理、歴史などの文献を自ら買いあさった。

ロンドン時代で最大の収穫はヨーロッパの文化・芸術と接触したことである。

渋沢はロンドンに到着すると、まずロンドン市内の博物館、美術館、劇場に足を運んだ。ブリティッシュ・ミュージアムとナショナル・ギャラリーには何回か訪れ、そこに展示されている文化と美術品に魅了された。海を渡ってパリに行き、さらにベルギー、オランダの各都市を歴訪した。とくにパリでは、ルーブル美術館の規模の壮大さ、古代以来の保存文化財の質と量に圧倒された。イタリアにたいする関心が高まり、翌々年秋には慎重にプランを立てて、二週間にわたるイタリア旅行に出かけ、その成果を「伊太利旅行記」にまとめている。

●第一銀行勤務と漁業史研究

大正一四年（一九二五）七月に本社から帰朝の指令を受けた渋沢は、アメリカを経由して八月三日に日本に戻った。

帰国後横浜正金銀行を退社。親戚で農商務省農務局にいた石黒忠篤（一八八四〜一九六〇）の出張に際して台湾の調査に同伴したり、沖縄に旅したり、北海道にも赴いた。これらの旅は民俗学に通じるような長期的で有意義な旅行だった。

第一銀行の前身は、明治五年（一八七二）の国立銀行条例にもとづいて明治六年（一八七三）に設立された株式会社第一国立銀行。明治二九年に株式会社第一銀行と改称し、都市銀行として活動を展開した。さまざまな合併をくり返したため、太平洋戦争開始後の数年間は第一銀行の名称がなくなったこともあったが、昭和四六年に第一勧業銀行となるまで持続した。渋沢は、大正一五年（一九二六）から昭和一七年まで第一銀行に勤務して取締役や副頭取も務めた。なお、アチック・ミュージアムの収集品の寄贈からなる日本民族学協会附属民族学博物館コレクションのなかに、第一銀行の支店を「採集者」とするものが五〇点あまりある。これは銀行の地方支店が渋沢にとって、郷土資料の重要な情報源だったことを示している。

第一銀行入社は、数年後の役員ないしは常務取締役への昇進含みで、研修を経たのち、役員付けとして調査を担当した。

由井常彦によると、この頃まで日本の銀行では、マクロの経済・市場・金融はもとより、ミクロ・レベルの企業経営についても、外部の専門的の能力や機関に依存するのが一般的だった。これにたいし渋沢は、対象が特定の企業や産業であれば、リポートの作成を行い、第一銀行の内部で調査能力の蓄積をはかることにしていた。日本銀行に移籍したのちも、調査重視の姿勢は継承されることとなった。渋沢が入行してから数年間の経済情勢は、空前の恐慌と信用不安、企業合併の一時代であって、第一、三井、安田、三菱、住友の五大銀行にも業績低下が続いた。学界、思想界も数年間で一変し、農民や労働者など庶民生活の生活難が深刻をきわめ、財閥や有産階級にたいする批判が激化、社会主義の主流はマルクス主義になった。渋沢のかつての学友たちも、多くが思想的にラディカルになった。日本の社会でも有産階級と無産階級の対立が生じたことは、イギリスから帰国した渋沢にショックを与えたことだろう。

この時期の渋沢は、毎日午前六時半から八時半まで出勤前の時間を研究にあて三田の自宅の書斎兼客間に、行く先々で入手した農具や玩具や生活用品を集めたり、内外の歴史、地理そして自然科学の諸文献を読んだりしたのだった。

2　アチック・ミューゼアムという「場」

●アチック・ミューゼアムの発足

宮本常一によると、「A・M・S《アチックミューゼアムソサエティ》日記」の記述では大正一〇年（一九二一）の二月二日に、このソサエティの第一回の集まりを持ったことになっているが、渋沢の記憶によれば、それ以前にも会合を持っていたという。

渋沢は三田の自邸の物置の天井のない二階を標本室にして、中学時代からの親友であった宮本璋《あきら》（一八九七～一九七三）、鈴木醇《じゅん》（一八九六～一九七〇）と収集したものを陳列し、ささやかな博物館をつくった。

宮本璋は東京市神田生まれ。東京帝国大学卒業後、ベルリンのカイザー・ヴィルヘルム研究所に留学し、東京帝国大学医学部生化学助教授として活動したが、主任教授と衝突し、ジャカルタ医科大学に赴任。後に東京医科歯科大学医学部長を務めた。日本山岳会の古参会員の一人。安騎東野の筆名で随筆を書いた。

鈴木醇は栃木県宇都宮市生まれ。東京帝国大学理科大学地質学科を卒業後、同大学理学部助手、第一高等学校教授となった。チューリッヒ大学で変成岩の研究を行い北海道帝国大学教授。早稲田大学教授や日本地質学会会長、日本鉱山地質学会長などを歴任。昭和二八年に十和田科学博物館が開設した折には夫妻で落成式に出席し、北大を退職したのち渋沢との縁で同館館長に就任した。そしてそこが屋根裏であったことから、「アチックミューゼアムソサエティ」と名づけた。その後、神保小虎博士の忠告によって「ソサエティ」をとり、ただ「アチック・ミューゼアム」と呼ぶようになった。そこに最初に陳列されたものは明治四五年（一九一二）の夏、宮本璋と上高地に赴いたときに収集したものを主にしていた。

事の起りはもう十四、五年も前になる。今は北海道帝国大学の理学部教授として、また東大医学部助教授として学問に精進しておられる鈴木醇、宮本璋の両兄と自分とが、お互に中学時代からの蒐集癖から集めていた、植物の腊葉《さくよう》だの化石だの、その他の植物の標本を持ち寄って、一つの博物館を作ったのがそもそもの初めである。宮本兄と自分との標本は、明治四十五年の夏、上高地に入り込んで、穂高や焼岳に登ったり、嘉門次［本名＝上條嘉門次。上高地の主といわれた山案内人］と話をしたり、小川を干して岩魚《いわな》を捕ったりして、一週間ほど心ゆくばかり遊んだ折の採集品が、その根幹をなしていた。鈴木兄の化石や貝殻は幼少の頃からの所産で、年少古生物学者としては、驚くべき数量を集めていたものである。満州の三葉虫や、ヒノビウス［サンショウウオ］の自然的畸型児や、猫鮫《ねこざめ》に寄生する海蛭《うみひる》ポントブデラ等はなかんずく圧巻の逸物で、上野の博物館にも見当たらぬものが一つでもあれば、よし全体が如何に貧弱であっても、皆して子供っぽく喜んだ時代もあったのである。……

物置小屋の屋根裏を利用した陳列場は他処眼《よそめ》には随分と子供ぽくてかつ極めて貧弱で、おかしかったろうということも充分承知しながら、しかも、我々自身はこれでも一つの博物館だと自惚れていた。アチックミューゼアムというのも、こんな謙遜と自負との交雑した気持ちから名付けられたので、今考えても変てこな名をつけたものだと思う。

気まぐれによる心境の変化は、博物の採集から玩具へと転向して行った。これは一つには三人の境遇の変化にもよるが、宮本兄に端を発したので、一つ玩具を学問的に研究してみようというのが始まりであった。各地の玩具の色彩をセクションペーパーに表わし、その数値を出して、東北と南方の玩具を比較してみたら等と云い出したのは宮本で、よかろうと云ってやらなかったのは三人である。何れ劣らぬテーマオンチで議論だけは随分と花を咲かせたものであった。（渋沢敬三「アチックの成長」）

大正一〇年二月二日の第一回研究会は本郷のレストラン「鉢の木」で開かれ、渋沢敬三、宮本璋、鈴木醇のほかに清水正雄・中山正則・田中薫・内山敏が集まり、そのとき話題にのぼったのは「博物館、炭坑、天城山の猪、人殺し」などであった。

第二回の会合は三月二日で、研究項目・分類方法などについて話しあい、第三回は五月二二日で、会のとるべき方針について話しあった。その際に渋沢は次のような提案をした。

1　会の規定は不文律。

2　標本寄贈は歓迎、ただし骨董的なものは避ける。また一度寄贈された標本は会と運命をともにするを原則とする。標本蒐集については年月日場所及びその標本につき知れる所を名称以外にも詳しく記載すること。会はレッテルを制定し寄贈者及蒐集者その他の事項を明記する。

3　会自身が標本を蒐集する場合の目安と基金の必要。

4　会員が標本を会に持ち込む時は会員各自が納得するを要し、後になり所有権の有無を議論しないこと。

5　記念の事業、標本の蒐集、整理、研究、ことに玩具の研究、文献の蒐集、特殊旅行案の作成、研究旅行は時に一村一邑を各方面より研究する旅行案、また先輩を招じて講話を聞く等。

6　会維持と経費の問題。

7　会の事務。

8　入会は会員の紹介により大多数の賛成を要し、退会は自由。

9　五月二十三日を記念日とす。

この渋沢の提案によってアチック・ミューゼアムの方向性がおぼろげながら決まり、郷土玩具の研究に重点がおかれることになった。

●「さなぎ」の時代

「アチックミューゼアムソサエティ」から「ソサエティ」を抜き、「アチック・ミューゼアム」に改称した頃から、自然科学の「標本」だけでなく、郷土玩具を収集し始め、それが拡大して「民俗品」に変わり、やがて「民具」という概念に定着するようになった。しかし、アチックの『蒐集物目安』では、「庶民生活ヲ中心とする文化史ノ研究」を収集の方針にしていることから、渋沢の視点は「郷土玩具」という物から、「庶民」の生活そのものにまで関心を広げ始めたともいえる。

自分としてかなり問題にしていたのは、甲の村では盛んに玩具を生み出すのに、その隣には全く知らん顔をしていた村があったりする。その差異の原因についてとか、またある信仰に基く特殊の玩具や縁起ものの製作動機とか、或いは玩具等の地方的分布を見ているうちに、何らかの系統を発見し、そこからその伝播型式のようなものが、少しは解りはしまいかということ等であった。（渋沢敬三同前）

一方で渋沢は、一五〇〇種以上も集まった玩具から発展していったといえるような研究成果はあまりなく、不成功に終わったと反省を述べる。だが専任研究員として藤木喜久麿（一八九四〜一九六二）が入所したことによって、東京府庁に所蔵されていた近藤富蔵の地誌『八丈実記』の複写が行われた。また沖縄県の職員だった仲吉朝助《なかよしちょうじょ》の『琉球産業制度資料』の複写、田村浩の『琉球共産村落の研究』の刊行を岡書院から行なうなど研究所としての活動が進められていった。

三田の家の改造を機会に、アチック・ミュージアムも新しく建てられ、陳列品も車庫の二階からそちらに移された。陳列棚もしっかりしてきて、整理も行きとどき、一つ一つ明細を書いた白い紙がつけられた。車庫にあったころの屑物的な感じはなくなってきたことを、子供心にも覚えている。日本間には田舎ふうに自在鉤などもついた囲炉裏があり、人が集まれるようになっていた。二階には、写真の現像のための暗室があり、よく遊びに行ったものである。（渋沢雅英『父・渋沢敬三』）

こうして渋沢は、漁業史を中心に従来から関心をもっていたいくつかのローカルな研究を含めて、屋根裏的なアチックを本格的な研究施設に発展させていくことになる。アチック・ミューゼアムという「文庫」に研究員・職員が次々と採用され、各地の漁業研究をはじめ、いくつかのプロジェクトの本格的研究が行われて、機関紙が発行された。渋沢も自身の研究のほかに、休日には各地の「フィールド・サーベイ」にコミットしていったのだった。

3 「花祭」というきっかけ

●「民具」研究の始まり

大正時代から始まっていたアチック・ミューゼアムの収集は、博物から玩具へ、玩具から民具へと移動し、拡大していった。

大正一四年（一九二五）八月、渋沢がイギリスから帰国するとアチック・ミューゼアムの活動が再開する。同じ年の一二月四日にアチック復興第一回例会が開催され、このときにチームワークとしての玩具研究が提唱された。そして収集の分担を決め、馬の玩具は佐藤弘と宮本璋、猿は鈴木醇と渋沢、独楽は小林正美と渡辺正一、牛は江木盛雄、蛇が佐藤富治、履物が田中薫だった。動物の割り振りは、各人の干支にちなんでいる。なお田中薫だけは玩具でなく履物の担当になった。

当初は玩具の収集と研究を通じてその発生系統や変化の過程を追い、さらには文化の伝播の形式や原理についてのヒントを得ようとしていた。玩具研究が主流で、履物などの生活道具は傍流だったが、やがてこちらが収集のメインになってくる。一九二〇年代の終わり頃から、いわゆる「アチックのおもちゃ時代」から脱皮し、民具研究にシフトしていくことになった。

民具を収集するようになるきっかけは、一九二六年の初め頃、早川孝太郎（一八八九〜一九五六）が柳田国男の紹介で渋沢と会い、アチック・ミューゼアムに関わるようになったことだった。

●早川孝太郎の『花祭』

早川孝太郎との交流を持つようになったことが、アチック・ミュージアムの性格や方向性に大きな意義を持ったことは、だれもが認めるところである。

早川孝太郎は、愛知県南設楽郡長篠村大字横山（現・新城市横川）出身。『郷土研究』への投稿をきっかけに、柳田国男に師事するようになった。早川の出身地である愛知県南設楽郡には古い生活習俗が残り、その東北の山中に入った地域には「花祭」と呼ばれる神楽が残っている。花祭は霜月の頃に行われる独特の湯立て神楽で、太陽の力が衰えるこの時期に、生命と大地の再生を祈念して行われる神事で、大きな釜に湯を沸かし、神々を招き舞いを奉納するものである。

早川は花祭に関する調査研究を、書籍の体裁としては比較的薄めのシリーズ「炉辺叢書」にまとめるように柳田から勧められたが、旅費もじゅうぶんでなかったことから、柳田の仲介で渋沢敬三を訪ねて援助を得ようとした。すると渋沢は、「花祭を調査研究することは賛成だが、小さい本にまとめることは反対である。徹底的に調査してみてはどうか。本にまとめるにはそれからでよい」と言って、噂話の聞き取りのようなものではなく、そこに住む人びとの生活と、その生活のなかに伝承されて来た民俗芸能の関わりあいについて調査するように持ちかけた。早川はそれから、奥三河へ足繁く通うようになり、昭和五年（一九三〇）に岡書院から前・後編二冊、一七〇〇ページに及ぶ『花祭』が刊行されたのである。

早川はその後アチック・ミューゼアムで、江戸時代の農学者『大蔵永常』の評伝を担当。このほか柳田国男との共著『おとら狐の話』や、『三州横山話』、『猪・鹿・狸』など、故郷とその周辺の民俗誌を続々と刊行した。昭和八年一一月、九州帝大農学部農業経済研究室の助手を務めたのち、農村更生協会に勤務。全国農業会高等農事講習所の講師や文化財保護委員なども務めた。

●「花狂い」渋沢敬三

渋沢敬三自身も昭和四年（一九二九）の正月に初めて花祭を見学して以来、花祭にのめりこみ「花狂い」になっていった。「花狂い」とは花祭にのめり込んでしまった人のことである。冬が近づくと花祭のお囃し、「テーホヘ テホヘ」が耳に浮かんで離れなくなってしまうもののことをいう。

早川、渋沢と花祭の関係は鈴木正崇「「澁澤民間学」の生成——澁澤敬三と奥三河」に詳しいので、この論稿をもとにすると以下のように跡づけることができる。

昭和二年八月、早川は安政三年（一八五六）を最後に行われなくなった大神楽の実見者を捜すために、下津具村村長・夏目一平を訪問し、彼らの民具収集活動を知って、民具収集に協力することになる。昭和三年一月、早川は下津具村村長・夏目一平、本郷小学校校長・窪田五郎、本郷町長・原田清と会って親交を深め、民具収集が本格化する。

昭和四年正月、渋沢敬三は高橋文太郎、藤木喜久麿と初めて奥三河を訪ね、上黒川の花祭を見学。早川孝太郎もそこに加わった。

昭和五年正月、渋沢は奥三河の中在家と足込で折口信夫、今和次郎、早川孝太郎、宮本勢助、高橋文太郎などと花祭を見学。なお同年三月刊行の『民俗藝術』は「花祭り特集」を組み、折口信夫は「山の霜月舞——花祭りの解説」を寄稿している。

四月、早川の『花祭』が岡書院から刊行され、四月一三日にはその刊行と渋沢邸の新築落成を記念して、中在家の人びとを三田綱町の自邸に招いて、「一力花《いちりきばな》」の奉納が行なわれた。これは東京では初めての花祭の公演だった。

渋沢はこの公演に一〇〇人以上の人びとを招待した。主な参加者は、柳田国男、伊波普猷《いはふゆう》、泉鏡花、石黒忠篤、新村出《しんむらいずる》、宇野円空、白鳥庫吉、石田幹之助、宮尾しげを、有賀喜左衛門、松本信廣、松平斉光、横山重、木内信胤、前田青邨《せいそん》、小林古径《こけい》、金田一京助、幸田成友、穂積重遠《しげとお》、東畑精一、小野武夫、上原専禄《せんろく》、野上豊一郎、石坂泰三など幅広い領域に及んだ。

舞はすべて本場の花祭の抜粋で、三ッ舞、四ッ舞、劒の舞のほか湯噺子［湯囃子］などがあったという。赤や黒の大きい鬼の面をかぶった男が踊りを踊るのが、子供心に怖くて目をあけたりつぶったりしながら見ていたのを記憶している。（渋沢雅英同前）

渋沢の子である雅英は、一〇人ほどの小さい子どもたちが、小さい鬼の面をかぶって踊るのを目にして、農村の子どもたちが、自分とは「何となく性格や物こしも違っていて空恐しかった。それでも怖いもの見たさに彼らが泊っている部屋に出かけて行って、おそるおそる友だちになったりした」と素朴な感想を述べている。

翌四月一四日にはもう一度、花祭を再現してもらって一六ミリフィルムに収めている。

昭和六年正月も渋沢は中在家で花祭を見学。昭和七年は伊豆内浦で病気療養していたので花祭を見学していない。昭和八年正月は下津具で見学。昭和九年正月は中在家で花祭を見学したが、このときは一六ミリフィルムで湯囃子を撮影することを目的としていた。同行者は早川孝太郎、高橋文太郎、宮本馨太郎。昭和一〇年正月、渋沢は奥三河の御園と中在家で花祭を見学。同行者はドイツの人類学者シュミット、早川孝太郎、宇野圓空、柴田實、新たにアチックに入った五十澤二郎、市川信次、小川徹だった。

戦後の昭和二三年、渋沢は奥三河の本郷を訪問して、原田清の墓参をしている。翌昭和二四年正月は中在家の花祭を再訪したが、これが最後の奥三河行きとなった。

渋沢はこの間、花祭だけでなく中馬《ちゆうま》制度・盆踊・民具などの調査をしている。そのときには必ず何人かの仲間を同行し、ともに見聞しているが、宮本常一によると、これは多くの者の眼で見ることによって見落としと見誤りが少なくなり、また立場を異にする人びとが参加することによって、その見方調べ方にお互いが啓発されるものがあると考えたからだという。こうして奥三河での収集資料は、民具類や地方文書にとどまらず、花祭関係では、面、舞衣装、祭具が集められ、資料として一六ミリフィルム、写真、報告書が残された。

なお「民具」という呼称は、収集の初期には用いていない。「民具」という名称が定まるまでは、「土俗品」「民俗品」「日本民俗研究資料」など呼称が並存していたのが、やがて「民具」に統一していった。

●「花祭」をとおして

渋沢は花祭をとおして、民俗の調査は一地域を丹念に掘りさげていくと、いくらでも掘りさげていけるものの、行事や習俗の一つ一つが切りはなされているものではなく、すべてが深くからみあって存在することに気づいていった。

早川君の花祭の力作はどこまでも感心するが、自分に物足らぬ感じが今なおしているのはこの行事に対する社会経済史的な裏付のなかったことである。しかしこの問題を、直接早川君に求めるのは求める方に無理がある。これは他日別に何らかの手段で研究さるべき問題だと信じている。しかし、慧敏な同君が経済史的な村の見方にも着目されたと思う間もなく、北設楽郡の村の内に、特殊な村落構成形態のあることや、伊那から三州へかけて、昔時の運搬制度であった中馬《ちゅうま》の資料や、下津具かきのそれ［柿《かき》ノ沢宇連《そうれ》］の一つの家から出た、百年にわたる作物の日記［村松家作物覚帳］等、まるでポインターが獲物を嗅出すように、続々と見付けられてきたには一驚を喫した。これらはそのうちアチックでまとめて発表したいと思っている。

しかし、アチックとしての大変化は、この時分からその採集の主力を民俗品に向けてきたことで、これはアチックそのものにとっての、大きな悦びであらねばならない。素人であるからよく解らないが、自分等が特殊の敬愛と同情とを持つ民俗学に、今まで生物学的とでも云いたいような実証的研究法があまり用いられておらぬことをいささか不満に思っていたので、ミューゼアムの本来の性質に鑑み、このアチックで民俗品を採集することの意義を自ら悟ったのであった。（渋沢敬三同前）

たとえば、方言の研究にしても、仮名だけで集めたときの危うさは想像以上で、実物が出てくることで、その生活の技術や態様、その奥の思考などに初めて気づくことが少なからずある。

今アチックには民俗品が、おおよそ二千点ほど収蔵されている。集めてみてすぐ気のつくことは、例えば、動物の種族名のように、ワラジ・エチゴエンシスとでも名付けたくなるほど、その標準名なり学名なりが欲しくなることである、数量種類がうんと集り、その製法仕法から系統へと研究が進むと、動植物に於ける如き自然分類は不可能であるが、一種の分類学は成り立つとさえ思われる。しかし、これは容易なことではないと同時に、ここに実物が物を云う所もあるのである。そしてこれは民俗学の一部門として極めて重要なことと思う。(同前)

この文章は昭和八年に書かれたものだが、この時点でも渋沢は「民具」という言葉を使わず「民俗品」と呼んでいる。宮本常一はしかし、「その民俗品の蒐集が緒についたばかりであるが、渋沢の学問の精神はここに見られるようにきわめて実証的であり、しかも民俗品の一つ一つの系譜を辿っていくことだけでなく、その背後にどのような生活があるか、物と人間とがどのようにからみあい、また人に使用されているかを有機的に見ようとした」(宮本常一『渋沢敬三』)と述べる。

渋沢自身は、アチックの歴史を語るなかで、民具の蒐集も悪いことではない。漁業史の研究も良いことだ。文献、索引、その他の出版も不都合なことではない。しかし自分は時々思う。有為の若い人々にこんなに集っていただいて、しかも自分自身が暗中模索的態度しか取り得なくなって果たしてよいのだろうか。人を一緒にしてかえって一人一人の力を弱めてはいないだろうか。……人格的に平等にしてしかも職業に専攻に性格に相異なった人々の力が仲良き一群として働く時、その総和が数学的以上の価値を示す喜びを皆で共に味わいたい。ティームワークのハーモニアス・デヴェロープメントだ。自分の待望は実にこれであった。アチックを研究所にしないのも、また単なる座談会のみにしないのも、また更に単にテクノクラシー的な効果のみを追わないのも、畢竟《ひっきょう》そのゆえんはここにある。（渋沢敬三「アチック根元記」）

と述べる。さらに、

足半研究に触れつつ気づいたことは、民具研究は個体或いは同一種の民具の研究より更に進んで異なれる民具との比較研究に至り、ここに初めて我々と民具との交渉に関する重要な理法を見出し得るということであった。これについて、推敲を重ねていないが思いつきのままを左に羅列して諸兄に批判を乞う。

（一）民具研究に際してはまず第一に、民具個体（同一種）の諸相を研究してその根本的な特質を正確かつ充分に理解しなければならない。

（二）与えられたる一つの民具は我々の特定の生活様式と自然的環境とに基づき、その発生、持続、または変化性について一定の基本的法則に支配されていると思われるが、この法則の考究は第二に来るべき問題である。

（三）次いで如上の生活様式、自然的環境、及び時間に従って起る法則が異なれる各種の民具間の関係に於てそれぞれ分化作用、異化作用、または同化作用を惹起していることは、出来得る限り明瞭にしたい。

（四）変化そのものの性質についても、一般的なものから特殊化された複雑なものへ自然的かつ系統的に変化する場合と偶発的かつ無機的に因子の附加される場合とに分ち注意研究することを要する。

（五）相異なった民具類に適用される類似現象を究め、同時に、民具類の相互間に於て各種の関係が成立するとして、ここに見出すべき幾多の概念を整理することに努める。

（六）民具個体の短き寿命とこれを造出する我々の記憶及び技芸との関係、ならびにこれに伴う幾多の誤差を考慮しつつ、概念として永き生命を有する民具を明瞭に把握すること。

（七）民具名称の発生・変化・分布に注意を要することは勿論であるが、更に名称附与の根本的法則を把えることが出来れば幸いである。（同前）

と民具研究の課題について考えていた。

昭和五年（一九三〇）、アチック・ミューゼアムでは、早川孝太郎が中心となって、「蒐集物目安」をつくり、民具の収集・調査・保存を推進させた。昭和一一年、「蒐集物目安」をもとにして刊行された『民具蒐集調査要目』では、民具は、「我々の同胞が日常生活の必要から技術的につくり出した身近卑近の道具」と規定されている。

アチック・ミューゼアムが最初に試みた本格的な民具研究は、昭和一〇年に始めた足半《あしなか》草履の研究で足半草履三四七点を分類、計測し、実物の解体やレントゲン撮影も駆使して研究がなされた。アチックでは足半だけでなく民具全般の収集数が昭和一〇年から昭和一二年まで年間一〇〇〇点を超え、収集自体がピークに達した。

昭和一二年五月、「民具図彙」に代わって『民具問答集』が出版された。同じ年、収集した民具で狭くなったアチックの新館から、収蔵品の一部を東京保谷に建てた研究所に移し、日本民族学会に寄贈。日本民族学会附属博物館のもとになった。博物館は昭和一三年に竣工、翌昭和一四年五月二一日に展示場の一般公開を始めた。一方、文部省が管轄する民族研究所の設立が決まった昭和一七年、日本民族学会は民族研究所の支援を目的とする外郭団体に再編され、民族学協会と改称されている。昭和一九年、戦況の悪化にともない附属博物館展示場は閉鎖。しかし、戦後の昭和二六年頃から活動が活発化し、昭和二七年五月一日に再公開されるようになった。しかし、日本民族学協会の資金不足と建物の老朽化から、昭和三七年に閉鎖された。

いずれにしても渋沢は自身の調査研究、仲間たちの調査研究にたいする奨励と援助とともに、花祭のような小さいけれど大きな意味を持つ祭に、心底魅かれていたのである。

●渋沢と民具研究

ここで歴史学者・網野善彦（一九二八〜二〇〇四）と民俗学者・宮田登（一九三六〜二〇〇〇）による「対談　渋沢敬三の仕事と意義」（『澁澤敬三著作集　第5巻』付録「月報」）から、渋沢・アチックの民具研究についての関係者の考えを見てみたい。

宮田　渋沢さんのイメージは、柳田民俗学の後継者たちが展開しているような一元論じゃなくて、多元論なんですね。その違いを早くに我々が学ぶ機会を与えられてはいなかった。それから、民具だけを扱っているという印象を日本常民文化研究所は与えられていた。だから、民具を知らない人間は加われないという、逆にそういう枠があった。芸能は折口、民具は渋沢、思想は柳田、比較文化は南方熊楠というような機能分担があったように思える。

ところで当時、民具というと、なんとなく低く見ちゃうところがあったんですね。大学で民俗学の非常勤講師を頼むときに、民具と芸能の研究者を交互に依頼するけれども、中心は柳田民俗学という構造をとっていますから、民具がよっぽど好きでないかぎりは、若い世代から接近できない世界だという印象をずうっと抱いていた。ただ、今度、著作集を拝見して全然そういうイメージじゃないことがわかったわけです。

著作集の編集部（平凡社）から、著作集のなかで渋沢が民具に関して言及している箇所が意外に少ないことへの確認が入る。

宮田　そう。なぜ、そういう誤解が離れた世代に生じていたのかというところが、一つの疑問だったのですが……。たとえば「アチック・マンスリー」の昭和十年2号（著作集第三巻）に、渋沢が足半研究――これは民具の最高の研究成果です――の方法論を書いているでしょう。ここに民具研究の方法として七項目を挙げているんです。ここでいう〈民具〉の語を〈民俗〉と置き替えたら、全て通ずるんですね。一つ一つの項目が……。読んだときハッとしました。この論文は、昭和十年八月に書かれている。民具の変化とか分布、発生、それを詳細に論じているんですね。これだけの方法論はいったいどこから生み出されていたのかと、びっくりしました。〈民具〉といわずに、これを〈民俗〉〈民間伝承〉といえば、そのまま正鵠を射た方法論なんです。きわめて論理的な人であるという印象は、これを見るとわかるんです。ところが、〈民具〉という概念において、常民が使うのが民具であり、常民文化を民具というふうに限定するところに問題があったように思う。これは柳田に対する遠慮だったんでしょうか。

宮田は続けて、柳田国男も「民具」は渋沢敬三、つまりアチックのほうでという発想になっていて、理論的な交流があまりないようにみえると指摘する。そして、もともと「物質文化」は表面的なモノだけに終わらず、その背後に、儀礼、言語、精神文化に関わる問題があると語る。だから「それを一緒に捉えている〈常民〉という発想であるなら、これは正に民俗学の大道である」という。しかし、民具を〝マイナー〟とみなして民俗学で教わってこなかったことに疑問を呈する。そして宮田は、漁民もまた常民の一部であるのだから、網野が積極的に常民社会の漁業史研究に入っていくというアプローチとどこかで関わるのかとたずねる。

網野　渋沢さんが偉いと思うのは、『民具問答集』まえがき」でふれていますが、民具を研究しはじめてみたらこれはたいへん奥の深い問題だということを感ずるわけですね。民具資料がたくさん集まってきたけれども簡単に体系化することはできないことがわかる。そうするとこれは金がかかるかもしれないけど、長い眼でやらなきゃだめだというので、パッと資料集にはしないで問答集にしている。この見識ですね。

網野の見解を受けて宮田は、民具が持っている通時的な価値、日本的思考が低く見られていたのではないかという。庶民が扱ってきたものにたいして、どれほど高い価値があるかという点が忘れ去られている。これは民藝にも共通し、柳宗悦も民具を美術品としてみている。しかし渋沢はそうではなく、民俗文化として捉えていたという意見を述べている。

●「祭魚洞」という号

渋沢敬三は昭和四年（一九二九）頃から、「祭魚洞」という号を用いるようになった。また昭和九年に、この号を冠した水産・漁業関係資料を収める「祭魚洞文庫」を邸内に新築、開設している。

その由来は、カワウソが魚を捕えて、その一部だけを食べ、残りを河原に埋めておくが、いつの間にか忘れてしまうという話から、自分が本をやたらに買いこみ、読みもしないで積んでおくことをもじってつけたものだという。また『柏葉拾遺』には、「書物を購いて読まざるを、獺いたずらに魚を捕えて岸に棄て置く様を諷笑せる支那古句『月夜獺祭魚』に拠る。尚釣を好み、いたずらに殺生するにも懸く。正岡子規前二字にて書斎を獺祭書屋と名づけしを後に知る」とある。

渋沢は祭魚洞を名乗るようになった頃は、第一銀行取締役として働くかたわら、しばしば旅行に出かけた。新任の役員として各地の第一銀行の支店視察旅行にも出かけているが、そのほかにもだんだんと増え、アチック・ミュージアム同人との旅行も重なる。羽後の飛島や津軽の竜飛崎《たっぴざき》、十三《とさ》などを旅したのはその頃のことである。

大正一四年（一九二五）にイギリスから帰ってから、約一五年の間はかなり身を入れて海釣りをしたという。『日本釣漁技術史小考』の巻末には、自分の釣場や獲った魚を列挙している。

自分の釣場の主たるものは、横浜本牧と駿河湾の三津浜から重須、久連、立保、江梨あたりと、江浦、重寺付近であったが、その外釣った経験のある所を列挙すると、北海道十勝ウリマク原野の河川、日光湯ノ湖、尾瀬沼、羽後飛島、舞鶴湾、宮津湾、関門海峡、田の浦沖、肥前唐津、対馬佐護湾、豆酸、天草富岡、薩摩坊ノ津、鹿児島湾、奄美十島沖、琉球嘉手納沖（略）など、外国では、樺太真岡、朝鮮釜山牧ノ島沖、デンマーク・ユトランド半島、ヒルシュハール沖、スカーゲルラック海峡、ブラジル・カンピーナスなどである。

魚種の主なものをあげると、ヤマメ、ヒメマス、ハヤ、ウグイ、ウナギ、コイ、フナ、ボラ、ブラックバス、ボヤ、タイ、スズキ、フッコ、セイゴ、ブリ、ワラサ、イナダ、カンパチ、シイラ、アマダイ、クロダイ、イトヨリダイ、サクラダイ、イシモチ、ヒラメ、カレイ、ヤガラ（略）などである。

（略）スズキで一番大きいのは三津で九百七十匁を釣った。あと六百匁前後は数知れず釣っている。――アオリイカの最大は三津での六百五十匁であった。大正七年北海道十勝では約一ヵ月間、毎日ヤマメを七十尾くらいずつ釣った。

略した部分にも多くの地名、魚名が列挙されているのだが割愛した。しかし多忙をきわめていたはずの渋沢が、海釣りとそこで釣れるさまざまな種類の魚にたいし、偏愛ともいえる執着をもっていたことがわかる。

4 「民具」から見た日本

●『豆州内浦漁民史料』

昭和六年（一九三一）一一月、さまざまな確執があった祖父栄一が逝去する。渋沢敬三は栄一の看病から葬式と多忙と心労の日々が続いたため、急性の糖尿病にかかってしまう。そのため、翌七年二月から、幼時からなじみの深い伊豆西海岸駿河湾に面する三津浜（現在の静岡県加茂郡中伊豆町）で療養生活をした。その際、隣部落の長浜の旧津元大川四郎左衛門家から永正年代からの尨大な量の漁村古文書を見出した。

その後、東京に移された伊豆内浦の漁民史料は、最初は渋沢邸内のアチック・ミューゼアムの二階の一室で整理が行なわれたが、まもなく邸内に新設された祭魚洞文庫（水産史研究室）に移され、整理と筆写、校合がなされた。

この仕事は、渋沢の主宰のもとに、当時國學院大學講師だった祝宮静を中心に、藤木喜久麿・野沢邦夫・金子総平・小松勝美らの協力によって、数年の日子を費して綿密に行なわれた。そしてその成果が渋沢敬三編著『豆州内浦漁民史料』として、昭和一二年から一四年にかけてアチック・ミューゼアムから刊行されたのである。

『豆州内浦漁民史料』は上巻一冊、中巻二冊、下巻一冊の計四冊、菊判通計二四二九頁余に及ぶ大著で、伊豆内浦の長浜の大川家文書を中心に、近隣の三津の大川家・金指家、重寺の秋山家、木負の秋山家・相磯家、小海の増田家・重須の土屋家などの漁村文書二二七二通余を収録し、それぞれに簡単な註記を加えたものである。渋沢は本書の序文で次のように述べている。

> 論文を書くのではない、資料を学界に提供するのである。山から鉱石を掘り出し、これを選鉱して品位を高め焼いて鍰《からみ》を取り去って粗銅とするのが本書の目的である。これを更にコンバーターに入れ純銅を採り、また圧延して電気銅を取り、或いは棒に或いは板に、或いは線にすることは我々の仕事ではない。原文書を整理して他日学者の用に供し得る形にすることが自分の目的なのである。しかして学者の用たる、目的により、種類により、時代により、研究の視野・角度の変化により、今から何が一番価値があり何が全く無駄であり屑であるかは予想し得ない。一方文書は一村としては時代的にも量的にも纏まっている。多少鉱物としての品位の点は落ちても、これは他日学者の精錬法に委すとして大部分を出版してみたい。

『豆州内浦漁民史料』の改題で社会経済史家の山口和雄（一九〇七～二〇〇〇）は、この史料集に収録された文書の年代は、古くは戦国時代の永正一五年（一五一八）から新しいところで明治二七年（一八九四）に至る、四〇〇年近くの長きに及ぶものだと述べる。その史料は、この地域の大網漁業に関係するものが最も多く、中核をなしているが、そのほかにも、税制・土地制度・農業・林業・商品流通・貨幣・金融・物価・村落・人口・家族構成などの史料も少なからずあり、災害・宗教・民俗行事などの関係文書も収められている。そのため、この史料集を仔細に分析することにより、大網漁業だけでなく、戦国期から江戸時代を通じ、明治前半にいたる駿河湾内の半農半漁村の移り変わりとそのなかにおける半農半漁民の生活を、史実に即して、かなり具体的に知ることができるとする。さらに、漁業史・漁村史の研究だけでなく、土地制度史・財政史・貨幣金融史などの研究にたいしても有用な史料を提供する第一級の史料集だと評価した。

また近世史の研究者、渡辺尚志《たかし》の『海に生きた百姓たち――海村の江戸時代』(二〇一九年)は、渋沢・アチックの労作『豆州内浦漁民史料』に触発されて書かれたものだ。渡辺は、この史料集の「画期的な意義」を次のように解説している。

第一に、史料を使っていきなり論文を発表するのではなく、まず史料を学界の共有財産にしようとした点である。敬三が専門の研究者ではなかったことも関係していようが、自分の業績をあげるよりも、史料の価値を広く知らしめることを優先した点は重要である。敬三は、学問の発展こそを望んでいた。

第二に、内浦という一つの地域史料を、長浜の大川家に伝わる文書を中心に。できるだけ網羅的に掲載した点である。敬三が、自分の興味のある史料だけを選別して載せるのではなく、多くの人の関心に応えられるように、幅広い内容の史料を可能な限り多数紹介したことは、この本に汎用的な意義を与えた。

第三に、幕府や大名・寺社の研究が中心だった当時にあって、村に住む庶民の史料に価値を見出したことである。いわゆる「偉い人」にだけスポットを当てるのではなく、普通に生きた庶民（常民）の暮らしと文化にもかけがえのない価値を認めようという姿勢は貴重である。

病気療養という不測の事態から生まれた『豆州内浦漁民史料』は、このように渋沢の思想と方法を表すものだといえ、また渋沢は本書の編纂により日本農学会から日本農学賞を授与されている。

栄一が他界したあと、渋沢敬三は三七歳で第一銀行の常務取締役に昇進し、業務部長になった。第一銀行の業務部は貸付・審査などのいわゆる営業で、社内外の銀行業務で生活は多忙となった。渋沢は第一銀行本店の常務として業務にいそしみつつ、史料を自邸にはこんで伊豆の漁業史研究にうちこんだ。近世から近代にわたる漁業史の研究は、単なる民俗学的な考察にとどめるのではなく、社会経済史的なアプローチを視野に入れることによって、体系的な学問に発展することになった。

さらに敬三の漁業研究は、少年時代からの生物学的な魚類の分類や塩業の研究に結びつき、未開拓だった魚類学という新しい学問の形成に寄与するようになった。

渋沢は昭和一一年には、少年時代からの懸案である『日本魚名集覧』の作成に着手。渋沢の漁業史は、まもなく学界でも正式に認められることとなる。帝国学士院は、「日本科学史」を編纂するにあたって、農業部門の一つに「漁業史」の項を設けるにいたり、昭和一六年一月、渋沢にその執筆を依頼している。

●渋沢敬三と柳田国男

ここで渋沢敬三と、〝日本民俗学の創始者〟柳田国男の関係について見ておきたい。

渋沢と柳田は、柳田の甥、矢田部勁吉《やたべけいきち》が渋沢の東京高等師範校附属中学校の同級だった関係で、早くから面識があったようである。経済史学者の河岡武春（一九二七〜一九八六）によると、渋沢は談話で、柳田との交渉は大正二年（一九一三）頃、それは東京高等師範学校附属中学四年のときに始まったと証言している。

柳田さんは学問として会ったのじゃない。あの親類に矢田部というのがある。私の親友に矢田部勁吉という音楽家がいます。これが柳田さんの奥さんの甥なんです。そんな関係で柳田さんの所へ行っておった。だから僕は柳田先生と云った記憶がない。師弟の関係じゃない。親友の関係で入っちゃった。そのうちに民俗学のことがちょっと面白いと思い出して、そんなものを携えて行ったのが大正四年、石黒さんと上ったことがある。その時分に柳田さんが中心で甲寅叢書が出たが大変面白く思ったりして、そういう意味で学問の点で最初に接触した。その時に糸満の船が金華山まで来ておることをちょっと話されたのに、非常に興味を持った。それからだんだんそっちの方に注意が行くようになった。（河岡武春「『祭魚洞雑録』解題」）

また、渋沢の中学時代からの親友である中山正則の夫人は、柳田夫人の姪だった。明治民法起草の中核を担った法学者の穂積陳重（一八五五～一九二六）は栄一の長女歌子の夫で、渋沢敬三にとっては伯父にあたり、その学問的開眼に影響を与えている。また柳田も穂積から大きな影響を受けていた。柳田の農商務省の後輩で「郷土会」にも参加し、のちに「農政の神様」と呼ばれた石黒忠篤（一八八四～一九六〇）は穂積陳重の娘で渋沢敬三の従姉である光子と結婚し、渋沢は石黒を兄事した。柳田と石黒が参加していた「郷土会」は新渡戸稲造（一八六二～一九三三）が主宰していたが、新渡戸も渋沢家と親戚同様のつき合いをしていた。河岡武春は、渋沢敬三も石黒の紹介で新渡戸邸での郷土会に出席していたのではないかと推測している。

渋沢の大正一一年九月から大正一四年八月までの横浜正金銀行ロンドン支店勤務時代と柳田国男の国連委任統治委員としてのジュネーブ滞在時期（大正一〇年七月から大正一二年九月）は重なり、ロンドンで出会っている。

学問上のふたりのつながりといえば、大正一四年一一月、柳田が雑誌『民族』を岡茂雄（民族学者の岡正雄の兄）の岡書院から創刊した際、柳田は渋沢に資金援助を依頼し、同年暮れに岡が渋沢に面談して資金を供与されている。

民俗学者の福田アジオは、「渋沢の研究活動は明らかに柳田の民俗学を意識して組み立てられていた。柳田が軽視した事象を取り上げ、また方法的にも拡充した」として、渋沢敬三の民俗学の四つの特徴を述べている（川越仁恵「非言語情報を用いた新たな経営史分析手法の提起――渋沢敬三の社会経済思想と日本実業史博物館構想をヒントとして」）。

第一には物質文化の研究で、日本の民具研究はアチックを中心に発展してきた。柳田が着目しなかった物質文化を、渋沢・アチックは「民具」という名のもとに民俗学の研究テーマとして確立した。第二は、柳田が意図的に文字資料を排除していたのとは対照的に、非言語情報である物質文化を研究しながら、それと同時に文字資料を重視した。ただしこの文字資料は、「それまでの歴史学者が扱ってきたような文書・記録ではなく、人々の日常の中で記録された文字資料で」、歴史学の手法とも違う。第三には漁業・漁村の研究。第四に地域の全体像の把握である。川越はこれに付けくわえて、渋沢は「民俗学と経済史を同時に考えていた」と述べている。

またここで網野善彦と宮田登の対談を援用して、柳田民俗学と渋沢敬三の民俗学について解説してもらうことにする。

網野　有賀喜左衛門さんが、『一つの日本文化論』のなかで渋沢と柳田の関係についていろいろ言っておられますが、渋沢は柳田の横にいて、柳田が手を付けなかったことをやったのだということですね……。そういう姿勢が渋沢さんにはある。これがまた渋沢さんの生き方の非常に貴重な特色でもありますが、これが後に問題を残すことにもなる。自分は学者ではない、あくまでも学者が仕事を進めるために自分は何かの役に立ちたいのだという主張を持ち続けているわけですね。しかもそれが渋沢の学問自体の特質にもなっている。たとえば、二人の姿勢の違いは文書史料に関してよく現れていますね。柳田さんは大事なものだけ選んであとは捨ててしまえばいいという考えですが、渋沢さんは後世の学者の関心はいまは決められないからすべてを、という姿勢になってくるわけです。

網野はさらにこんなふうにも言い、宮田が応えている。

網野　渋沢さんは民具から積極的に民俗学を開いていこうという学問的な野心を、内心は持っていたかもしれないけれども、必ずしも表には出さなかったですね。漁村や漁業の研究の必要を強調して日本の学問に対する批判を随所に述べているし、学者としても立派な仕事をしているけれども、基礎的な仕事を地道に進めていて、体系的な理論を展開してはいないのです。学界の主流が全く取り上げていないけれども非常に大事な意味を持つ民具研究と水産史について、自分は今後の学問の発展のためにできるだけ基礎的な縁の下の力持ちとしての役割を果していくのだと……、そういう姿勢で一貫していますね。

宮田　渋沢さんは、網野さんの解説にもあるように、研究の方法と言わないで〈態度〉と言っている。その〈態度〉というのは学問を大切にすること。学問の本質は史料であると。史料は文献も民具も同じものなんですね。ただ、それをきちんとおさえるというコンクリートな作業は実にまどろっこしい。

（略）ところで渋沢さんのモノに対する鑑識力というのは、たとえば、文書の一枚の紙を見て眼光紙背に徹するというような、それと同じようなものが民具に要求されている。それは厳しい姿勢として出ているわけでしょう。

網野　たとえばオシラサマに何十枚も被せられている裂を見て、「これは正倉院だ」と言っている。そこに渋沢さんが見ているものは、おっしゃるとおり民具を通してのたいへん大きな世界なのだと思います。これを「正倉院だ」と言っているのは、そこにやはり、背景にある底の深い技術の歴史を見ているわけですね。これは渋沢さんが育った環境と本来生物学を志したという素質からそういう感覚が養われたのでしょうかね。

柳田国男と渋沢敬三の民俗学、そして「民具」をめぐるいまは亡き歴史学者と民俗学者の対話は、現在、歴史と民俗を考えるうえでもたいへんに示唆に富むものだろう。

●共同調査と個人研究

鈴木正崇は、花祭の調査によってアチックの活動内容は飛躍的に拡大し、深まりも見せることになったという。民俗学・人類学・歴史学の研究者に共同作業の場が生まれて視野を拡大しただけでなく、地元の知識人との外部の訪問者の交流による創造の場が創り上げられたのである。

地元と外来の絶えざる往復運動による高次の地平への展開は、諸分野の再編と統合によって、単なる民具研究ではなく、野の学問としての独自の「澁澤民間学」の成立へと歩み出したといえる。地元と外来の合作であり、相互交流を基底に置いて生み出された知の新しいカタチであった。そこには明治の「経世済民」の精神が脈打っている。澁澤が目指したのは良質な資料を残すことで後世に資するという素材提供に徹することであり、採算を度外視した緻密なモノグラフの作成の刊行により、現在では貴重となった記録の数々が提供された。

（鈴木正崇「「澁澤民間学」の生成」）

また渋沢の学際的に特定の地域を研究するスタイルは、その後の九学会連合による調査に継続されたと鈴木は指摘している。

「花祭」の研究の中に社会経済史的な裏付けのないことを指摘した渋沢は、早川を九州大学農学部の助手に推挙し、農業社会経済史の研究に打ちこませることにした。この大学には、小出満二、木村修三、江崎悌三、竹内亮らの優れた学者がいた。その指導によって早川は九州各地をはじめ沖縄への調査旅行を試みる。

しかし渋沢はここでも地域社会の集中的調査は調査者が一人で行っても多くの見落としがあるとして、それには専門を異にしたものが共同して一地域の調査を徹底的に行なうこと、今一つは郷里を持つ者がその郷里を綿密に調べ上げていくことが重要ではないかと指摘し、それを実践に移した。そして渋沢のリーダーシップのもと、海村の社会経済史資料の研究を中心に発展した漁業史・水産史研究室による諸資料集や報告、モノグラフィー作成をめざした共同現地調査が生まれていった。

こうしたアチックの同人各自の研究採訪は全国におよんだ。これらの研究に従事した人びとの業績も、多くがアチックが発行主体となって出版され、編纂された文献索引、地名索引、学術雑誌総目録もかなりの数に達した。

渋沢が実践した共同調査は鹿児島県十島村（昭和九年五月）、静岡県三津《みと》（昭和九年一〇月）、朝鮮慶尚北道《キョンサンブクト》達《タル》里《リ》・多島海（昭和一一年八月）、岩手県二戸郡石神村（昭和一一年九月）、瀬戸内海（昭和一二年五月）、三重県先志摩（昭和一二年五月）などであり、それは戦後九学会連合の結成により総合調査へと発展するようになる。

また個人による一地域の集中調査には村上清文の新潟県三面《みおもて》村、鹿野忠雄の台湾紅頭嶼《こうとうしょ》（現在の蘭嶼《らんしょ》）のヤミ族の調査がある。いずれも昭和一〇年前後のことである。鹿野の場合は瀬川孝吉とともにこの島に約一年滞在して、島民と生活をともにした。そしてその生活を写真にしてまとめられたものが三省堂から刊行されているが、この書物も最初はアチックで編集出版が企画されたものである。

郷里の集中には調査の知里真志保（一九〇九～一九六一）のアイヌ、吉田三郎（一九〇五～一九七九）の秋田男鹿《おが》、竹内利美（一九〇九～一九七九）の長野県伊那、岩倉市郎（一九〇四～一九四三）の喜界島などがある。

アチック同人の民具の共同調査は足半草履が最初のテーマとなり、続けて筌《うけ》の調査を手がけた。足半の調査から中世に多く作成された絵巻物の中に表現された生活のうち、今日の民衆生活につながるものの多いことに気づき、絵巻物の調査研究が進められることになったのは昭和一五年頃からである。

『豆州内浦漁民史料』の編纂作業とともに、日本では水産史の研究が遅れていることに気づいた渋沢は、水産史研究を志す人びとに研究の場を提供するようになった。アチックに設けられた水産史研究室である。ところが魚名には全国に共通するもののほか、方言で呼ばれているものが多く、その実体が不明なものが少なくないため、魚方言の調査収集を始めた。

渋沢自身ももちろん、学問の擁護者にとどまらず、塩の民俗学的な研究と、魚名の研究を進めていった。その魚名研究に取り組んだことから「延喜式《えんぎしき》」（平安時代中期に定められた律令の施行規則）の資料としての価値の重要性に気づいて、その研究にも取りくんでいくことになる。

●渋沢敬三と柳宗悦

民俗学者の丸山泰明によると（『渋沢敬三と今和次郎』）、今和次郎（一八八八〜一九七三）は、渋沢と柳のそれぞれと岩手を旅行した経験から、両者の生活を見る姿勢を比較している。

今和次郎は青森県弘前市に生まれ、東京美術学校図按科に入学。卒業後は早稲田大学建築学科の助手、講師、助教授、教授を歴任する。柳田国男の薫陶を受けて民家研究を行ない、朝鮮の農村を含む日本全土を調査する。関東大震災後のバラックをスケッチして歩いたのをきっかけにして、都市生活に研究対象が移り、その調査方法として「考現学」を確立した。服装史にも業績を上げ、「流行研究会」の設立、「生活学」を提唱した。昭和一二年（一九三七）に渋沢敬三が東京保谷に野外博物館を建設するにあたって、今は完成予想図を描いている。

今が渋沢と旅したのは、昭和九年（一九三四）九月に実施した岩手県二戸郡荒沢村石神の斎藤家の調査の際である。このときアチック・ミューゼアムからは石黒忠篤、小川徹、木川半之丞などが同行しており、今の弟子の竹内芳太郎も参加している。

今が柳と旅したのは、昭和一三年（一九三八）九月二九日から一〇月二日まで、四日間のことである。北海道・東北・北陸の災害に悩まされる農山漁村の人びとの暮らしを改善するために設置された農林省積雪地方農村経済調査所（雪調）の所長である山口弘道の発案で、東北の人びとの農閑期の副業として在来の工芸技術をいかして民芸品を制作してもらい、その副収入によって生活を向上させていくことを目的としたものだった。この旅行には、濱田庄司、河井寛次郎も同行している。

今和次郎は、柳宗悦と渋沢敬三の姿勢について次のように比較している。

この村に二回目に行ったのは農林省の政策の一つに余りに貧しい農家への救いの手として、幾らかの小遣い銭にでもなればということで、副業の問題を扱っていた、そのための視察であった。参加したのが柳宗悦、濱田庄司、河井寛次郎である。この一行のもののみかたは、すべて鑑賞のみにひたって、農民の具体的なくらしのことなどにはそっぽを向いている。鑑賞におぼれてしまう態度だ。農民生活を学問的に、あるいは社会福祉的になどということはまるっきり縁がない。（今和次郎「常民博物館を育てた渋沢さんの周辺」）

渋沢一行がここに来たのは、「常民」とみられる農工商に従事する人びとが、これまで使っていて今では全く不要になっている器物、昔の暮らしのままの衣食住などを後世に伝え遺したいという意図にもとづく着眼によるものだった。そして冷静な態度で、それに従事していた。ここで今は、農民の生活に見向きもしない柳らを批判し、渋沢たちを評価しているのである。

柳らの「鑑賞におぼれてしまう態度」について、この旅に同行した竹内芳太郎の証言もある。丸山によると竹内は、副業としての民芸品の制作が農家の経済をうるおわせ外貨獲得の一助となるものとして評価しつつ、名もない工人や農民たちが生活を豊かにするために習い覚え、発明した技術を金銭の対象にすることが、民藝にとっても果たしていいことなのか、また貧しくひたすら収入を上げることだけに専念することにより、農民たちの「生活のなかの美」が犠牲にされてしまうのではないかと疑っていたのである。

5　渋沢敬三が育てた人びと

●宮本常一

渋沢敬三はアチック・ミュージアムをとおして、あるいは自ら設けたこの研究所の場以外でも、多くの人材を育てた。渋沢が果たした大きな仕事として、後進にたいする経済的支援、精神的援助があったことは知られるところである。

宮本常一は、渋沢敬三が〝生みだした〟最もすぐれた学者であり、思想的継承者だった。宮本は山口県周防大島で父 善十郎、母 まちの長男として生まれる。大正一四年（一九二五）、大阪の逓信《ていしん》講習所を卒業後、郵便局に勤務。大阪府天王寺師範学校（二部）を卒業した後、小学校に訓導として勤務しながら民間伝承の研究を始めた。天王寺師範学校専攻科地理専攻に入り、その後も小学校教師と民俗学研究を両立。渋沢敬三と宮本常一の出会いは昭和一〇年（一九三五）、大阪で行われた大阪民俗談話会で、渋沢は足半草履の研究について熱心に語ったという。そして宮本は、昭和一四年の秋にアチック・ミュージアムに入ることになるが、それ以前にこんなことがあった。

東京でアチック・ミューゼアムに泊まっていたある夜、渋沢先生から「アチックは水産史の研究をしている者が多いが、具体的に漁村というのはどういうものか、どのような構造を持ち、どんな生活をしているかということについて具体的にわかっている者が少ない。君は海岸育ちだから漁村の具体的な生活誌を書いてみてくれないか」と言われた。私の村は海岸にあるけれども漁村ではない。しかし網もひき、魚も釣り、貝も掘ってきた。海岸に生きている人びとがどのような生活をたててきたかについては多くの見聞と体験がある。それを書いてみようと思って、夏休みに郷里へ帰り、家の沖の島や、大島の南側の小さい島々も歩いた。その頃は話はいくらでも聞くことができたし、人びとは親切であった。その秋頃から執筆にかかって、昭和十一年一月すぎには一冊にまとめることができた。そして十一年の夏には『周防大島を中心としたる海の生活誌』と題してアチック・ミューゼアムから刊行していただいた。私の最初のまとまった書物である。（宮本常一『民俗学の旅』）

宮本は渋沢が「日本一の食客」と呼んだように渋沢宅に居候し、全国の農山漁村を歩いて、柳田と渋沢が説いた「経世済民」（世を治め、人びとを救う）の思想を実践した。昭和四九年（一九七四）一〇月、日本常民文化研究所主催の第一回民具研究講座が日本青年館で開かれたとき、宮本は日本民具学会の設立を提案し承認され、翌年一一月、日本民具学会が成立した。その後宮本は、武蔵野美術大学教授や日本観光文化研究所長となり後進の育成に努めた。

●アチック出身の民俗学者

宮本常一は『渋沢敬三――民族学の組織者』で、アチックに所属し、同じ時代を生きた多くの（しかも一部は〝忘れられた〟）研究者、調査者について詳細に記している。この本を参考に、渋沢の最大の事業だったといえる彼が育てた人材について紹介していきたい。

藤木喜久磨（本名喜久馬）は早川孝太郎とともに洋画を学んだことが縁で、早川が参加していたアチック・ミューゼアムの専従画家および整理担当者となった。アチック・ミューゼアムに住みこんだ最初の研究員で、最初の有給所員である。『豆州内浦漁民史料』を整理し、アチック・ミューゼアム図書室では「熊本縣水産誌附図」を筆写したほか、郷土玩具の製作や骨董品の破損修理なども手掛けている。「常民文化研究」として出版された資料集『奥能登時国家文書』などいくつかは藤木の編著といえるようなものであった。

宮城県に生まれた桜田勝徳《さくらだかつのり》（一九〇三～一九七七）は水産史と漁民文化の研究に貢献した。慶應義塾大在学中に柳田国男の「民間伝承論」を聴講し、民俗学研究を開始。大学卒業後、渋沢敬三に招かれ、当時新設された水産史研究室に入り、昭和一五年には宮本とともに鹿児島県の宝島を調査している。戦後、日本常民文化研究所理事長、水産庁水産資料館長などを経て白梅女子短大教授になった。

喜界島出身の岩倉市郎は大阪の懐徳堂で学び、上京して伊波普猷に琉球列島の言語学と民俗学を学んで柳田国男にも師事した。新潟県南蒲原郡で昔話の調査を行ない、『加無波良夜譚』（後に『南蒲原郡昔話集』と改題）を出版。アチック・ミューゼアムの研究員となり、喜界島で過ごして民俗調査や民具調査にあたったが三十代で亡くなった。

●アチック出身の経済史学者・歴史学者

アチック・ミュージアムといえば民俗学・民族学のイメージが強いが、地域を見るときに社会経済史的側面も重んじた渋沢のもと、経済史学者、歴史学者も集った。

山口和雄は千葉県に生まれ、東京帝国大学経済学部を卒業し、アチック・ミューゼアムの水産史研究室の研究員となる。彙報一二「九十九里旧地曳網漁業」、彙報三〇「近世越中灘浦台網漁業史」、アチックミューゼアムノート二『明治前期を中心とする内房北部の漁業と漁村経済』、ノート三『隠岐島前漁村採訪記』（桜田勝徳と共著）など実証的な研究を進めて、『日本漁業史』を完成させた。千葉県出身で東京帝国大学経済学部を卒業後、昭和一〇年（一九三五）にアチック・ミューゼアムの水産史研究室の研究員となる。北海道大学法文学部助教授、同大学経済学部教授を経て東京大学経済学部教授を務め、退官後は明治大学教授、創価大学教授、三井文庫館長を歴任した。

神奈川県小田原生まれの伊豆川浅吉《いずがわあさきち》（一九〇三〜一九六八）は「土佐捕鯨史」『日本鰹漁業史』などを著わし、ほかにも紀州・肥前・長門などの捕鯨史をまとめたが、戦災で灰になった。集団漁業の実証的研究者の第一人者で、東京水産大学教授を務めた。高校卒業後、水産会社で鰯油関連事業に従事したり、小田原市場に勤めたりしたのち、法政大学大学院を修了する。アチック・ミューゼアムの水産史研究室研究員として、捕鯨の経済史的研究で業績を残した。

楫西《かじにし》光速《みつはや》（一九〇六〜一九六四）は製塩史の研究を専攻し「下総行徳塩業史」にまとめた。東京帝国大学経済学部を卒業し、大阪の商業学校で教えたのちアチック・ミューゼアムの研究員になる。製塩業史研究の先駆的な仕事をし、戦後は資本主義経済発達史の研究に多くの成果を上げたほか、土屋喬雄を助けて「渋沢栄一伝記資料」の編纂にあたった。宮本常一、山本周五郎、山代巴とともにシリーズ『日本残酷物語』の監修者としても名を連ねている。

戸谷《とや》敏之《としゆき》（一九一二〜一九四五）は肥料を通して農業経営のあり方を分析した。アチックミュージアムノートの『徳川時代に於ける農業経営の諸類型』『明治前期に於ける肥料技術の発達』は、着眼や調査方法においてすぐれた業績を上げたが、戦争末期補充兵として応召、フィリピンに派遣され、敗走中に流弾により戦死した。没後に出版された『イギリス・ヨーマンの研究』や『近世農業経営史論』は、当時の日本の経済史研究の最先端を行くものだったと評価されている。

宇野脩平（一九一三〜一九六九）は和歌山県那賀郡粉河町（現・紀の川市）生まれ。東洋大学文学部国文学科卒業後、財団法人龍門社渋沢栄一伝記資料編纂所に編纂員として勤務し、土屋喬雄の指導を受ける。東京外国語学校連成科蘭語科修了後兵役につき、シベリア抑留を経て復員した。

昭和二四年一〇月、日本常民文化研究所は水産庁から漁業制度資料調査保存事業の委託を受け、宇野脩平を中心に研究活動を再開。東海区水産研究所の一室におかれた通称、月島分室で、漁業資料の調査・収集・目録作成・筆写などが一〇人前後の研究員によって昭和三〇年の閉室まで行われた。その結果三〇万枚に及ぶ漁業資料の筆写稿本が三部作成され、地元と水産研究所、常民研にそれぞれ所蔵された。

●河岡武春と網野善彦

河岡武春は山口県出身で、広島文理大学卒業後、昭和二七年（一九五二）に研究所に入所した。昭和三〇年に研究所の月島分室が閉鎖されると、渋沢邸で渋沢、村田泥牛、宮本常一、河岡が中心となって、月一回の「絵巻の会」において「絵引」の編纂が進められた。これは後に、『絵巻物による日本常民生活絵引』五巻として刊行された。河岡は、全国の民具研究者のネットワークづくりを推進し、戦前の「アチックマンスリー」を継ぐ形で、昭和四三年に「民具マンスリー」を創刊した。また民具研究の啓蒙のため『民具論集』を発刊、民具研究の基盤づくりにあたった。また研究所の神奈川大学への移管に尽力した。死後、研究所で机を並べた網野善彦によって唯一の単著『海の民――漁村の歴史と民俗』がまとめられている。

昭和三年（一九二八）に山梨県に生まれた網野善彦は、東京大学文学部国史学科を卒業し月島分室に入所した。江田豊・二野瓶徳夫・速水融らと同室となる。昭和二九年、西瀬戸内海の二神島に河岡武春と訪れ、二神家文書を借り出す。昭和三一年に研究所を退所し、都立北園高等学校教諭、名古屋大学文学部助教授などを経て、昭和五五年に神奈川大学短期大学部教授となり、日本常民文化研究所の誘致に尽力した。所員として復帰後は、月島時代の未返却史料の返還作業を進めた。その歴史観は〝網野史観〟と呼ばれ『無縁・公界・楽』『日本中世の非農業民と天皇』『異形の王権』『日本社会の歴史』など多くの著書を世に問う。文献史学を基礎として、中世の職人・芸能民および海民などの非農業民をおもな研究の対象とし、日本中世史研究に多大な影響を与えた。

また民具の研究を志した宮本馨太郎《けいたろう》、小川徹、高橋文太郎、磯貝勇らは、民具が民族学会へ移され、民族学博物館が創設されてから民族学会付属研究所を活動舞台にすることになった。

●その他のアチック同人

そもそもアチック・ミュージアムは、渋沢敬三の懐の深さから、さまざまな分野の同好の士が集まり、その方法や成果について討議しあうことで発展していった。このため所属はしなくてもそうした集まりに参加した人びともいた。

祝宮静《ほうりみやしず》（一九〇五～一九七九）は國學院大學国史学講師のとき、昭和七年（一九三二）伊豆内浦の大川家文書発見にともない、アチック・ミューゼアムでこれを解読し、資料集出版を計画した際主任として迎えられた。その下に藤木喜久馬、金子総平、野沢邦夫らがいた。戦後、大分で中学校の校長をしていたとき、渋沢敬三の誘いを受け、文化財保護委員会に勤務するようになる。宮本馨太郎や田原久とともに民俗資料保護体制の確立に尽力した。

鈴木行三（一八七九～一九六二）は群馬県出身で東京専門学校文科から外国語学校仏語専修科へ

進学。渋沢邸が深川にあった時代から書生を務めた。『円朝全集』を編集し、松下大三郎を助けて『国歌大観』をつくった。また江戸時代文芸家の伝記研究を行ない、『戯作者伝記集成』一巻を上梓したが、残りの原稿を戦災で焼失した。

ここまでに挙げた人びと以外にも渋沢の援助を受けたり、指導を仰いだりした人びとは膨大な数にのぼる。そしてそれは民俗学・水産史・経済史・民族学などだけにとどまらず、医学・自然科学にもわたるものだった。

一方で渋沢の弟子のなかでは〝傍流〟といえる網野善彦はこんな感想を述べている。

網野　渋沢敬三については、日本常民文化研究所にいた方々はみな、当然ながら非常に尊敬の念をもっておられたと思います。私自身の感想なのですが、渋沢さんの弟子たち、研究所の所員たちは、「自分こそが渋沢敬三を最も良く理解しているのだ」、渋沢の考えていた日本常民文化研究所はこうでなくてはならないということを、それぞれに考えておられたと思うのです。そしておたがいの横の関係があまりよくない場合が多かったんですね。これについては、これからいろいろな議論にもでてくると思いますが、渋沢敬三自身の問題でもあると同時に、日本常民文化研究所がおかれてきた条件の問題、その学問と学界との関係の問題でもあり、いろいろな問題がからんでくると思うのですが、いままでの渋沢敬三像は、彼と接したそれぞれの人々が描いてきた敬三像以上には出ることがなかなかできなかったわけです。

（網野・宮田同前）

実際にアチックに関わり、渋沢敬三の謦咳《けいがい》に接したことのある人が少なくなってしまったいま、この研究所が果たした役割を改めて評価し、再検討する必要があるのだろう。

●在野研究家の発掘

アチック・ミューゼアムは出版活動にも積極的に取りくんだことから、その著者としてさまざまの人物が関わった。

民俗学者・農村社会学者の竹内利美（一九〇九〜二〇〇一）は小学校教員の立場を活かし、生徒を対象としたムラ生活の調査を重ね研究を行なった。長野県上伊那郡川島村小学校で代用教員をしていたとき、小学校五年生たちと郷土調査をしたものが、アチックミューゼアム彙報二『小学生の調べたる上伊那郡川島村郷土誌』としてまとめられた。その後、本格的にアチック・ミューゼアムの活動に参加。國學院大學国史科卒業後、中央水産業会勤務、連合軍総司令部（ＧＨＱ）民間情報教育局（ＣＩＥ）世論及社会調査部顧問歴任。竹内はその後渋沢の援助によって國學院大學を卒業し、後に東北大学で教育社会学を講ずる教授となり、東北の村落社会を対象とした多くのすぐれた業績を発表した。

アイヌの学者知里真志保もアチックの同人としてその研究資料を彙報として出版した。北海道幌別郡登別村（現・登別市）出身で、言語学者金田一京助に招かれて上京し、旧制第一高等学校、東京帝国大学文学部を卒業。三省堂、樺太庁立豊原高等女学校の教師となり、樺太庁博物館を経て博士号取得し、北海道大学文学部教授となる。アイヌ語やアイヌ文化の研究成果を多く残したが、心臓病により在任中に他界。姉には、『アイヌ神謡集』の著作で知られる幸恵がいる。宮本常一によると、知里はある時期、恩師の金田一京助を非難していたが、「渋沢先生だけは私の心を知ってくれている」と話してくれたという。

また、渋沢はアチックの活動のなかで、実業史の一つの側面である、日本の近代化を支えた人びとについての優れた記録を残している。

彙報四『男鹿寒風山麓農民手記』と彙報一五『男鹿寒風山麓農民日録』を執筆した吉田三郎は小学校を出て寒風山麓で開墾百姓をしていた。彙報一三『安芸三津漁民手記』の著者進藤松司は貧しい漁家の子で、小学校六年を終えただけの学歴だった。農業を営む吉田、漁師の進藤による記録は、実際に携わったものでなければ書けない意味あるものだった。渋沢は『安芸三津漁民手記』の序文で「実際本書は進藤君の血と汗とで書かれたものなのだ。単なる資料でもなければ外来者の観察でもない。同君多年の苦心の結晶であり、漁撈家としての現実の叫びであり、また同君の体験を通じて吐露された瀬戸内漁民の理想と希望でもあ」り、これらが現実の「経験的記録」といえる貴重なものであると記している。

宮本常一も先述したように渋沢の薦めで彙報一一『周防大島を中心としたる海の生活誌』をまと

めた。知里の従兄佐藤三次郎が書いた彙報一八『北海道幌別漁村生活誌』も、体験したものでないと書けないものだった。彙報二一『越後三面村布部郷土誌』は丹田二郎という中学校を出たばかりの一八歳の少年で、それも病弱で入院中に大半を書いたという。渋沢は内容がすぐれ、資料として価値が高ければ年齢も学歴も社会的地位も問題にしなかったのである。

●関係者たち

このほかにも渋沢敬三と深く関わる人物は少なくない。

服飾史研究家・風俗史家の宮本勢助（一八八四～一九四二）は、一五歳で画家を志し、小堀鞆音に入門。歴史画のための有職故実研究を契機に風俗史研究に移った。『考古学雑誌』『此花』『郷土研究』『風俗研究』などに多くの論考を執筆。実物資料を積極的に収集し、文献や絵画資料を用いて比較・検討する研究方法は、アチック・ミューゼアムの研究に大きな影響を与えたとされる。昭和四年（一九二九）頃から長男馨太郎（一九一一～一九七九）を連れてアチックを訪れている。

宮本馨太郎は父勢助の影響で服飾史に関心を寄せ、また写真や動画で調査活動や資料の記録を多く残した。旧制中学時代に映写機や九・五ミリカメラ「パテベビー」を購入し、民俗誌映画を制作。渋沢と出会いアチック同人になると、一六ミリコダックを携帯する敬三の調査旅行に同行し、自前のパテベビーで日本各地を撮り歩いた。昭和一二年に日本民族学会附属民族学研究所研究員になり、戦後は博物館法制定や全国民俗資料緊急調査など文化財行政に関わり、各地の博物館や諸学会の設立にも尽力した。

東京府北多摩郡保谷村（現・西東京市）の大地主の家に生まれた高橋文太郎（一九〇三〜一九四八）は、明治大学政治経済学部を卒業後、立教大学哲学科に進学したが退学。父源太郎が取締役を務めていた武蔵野鉄道株式会社の重役に就任した。また明治大学在学中から山岳部で活躍し、日本山岳会にも関与した。

高橋がアチック・ミューゼアムに関わるようになるのは、昭和四年（一九二九）からで、以来、アチックの中心的メンバーとして活動、昭和八年に最初の単行本となる「大和民族」を刊行した。東京保谷に民族学博物館を設立しようと尽力し、敷地を提供したがうまくいかず、同地に開設された日本民族学会附属民族学研究所の所員となった。しかし家庭の事情を理由に敷地寄付を撤回、所員を辞して研究から遠ざかっていった。

三重県志摩郡鳥羽町（現・鳥羽市）に生まれた岩田準一（一九〇〇〜一九四五）は、三重県立第四中学校卒業後、神宮皇學館（現・皇學館大學）に進んだものの、画家・竹久夢二が教えていた東京の文化学院絵画科へ転校する。文化学院を卒業後は鳥羽に戻り、当時鳥羽に住んでいた作家の江戸川乱歩と親交を結んで、乱歩の小説の挿絵を担当。また乱歩と同じく男色文献研究に勤しみ、南方熊楠とも書簡を交わした。民俗研究者としては柳田国男が主宰する『郷土研究』に寄稿するとともに、アチック・ミューゼアムの同人になり、『志摩のはしりかね』ほかを上梓したが、昭和二〇年、近衛文麿の蔵書目録作成を渋沢から依頼されて上京したが、胃潰瘍による出血のため四五歳で没した。

橋浦泰雄（一八八八〜一九七九）は第三章で詳しくふれる『絵巻物による日本常民生活絵引』の初期の作業に関わった。鳥取県岩美郡大岩村（現・岩美町）生まれで、家業の養蚕と雑貨商を手伝いながら社会主義思想を知り、日本社会主義同盟創立に参加。日本プロレタリア文芸連盟の結成に参加、また画家として日本プロレタリア美術家同盟の結成に参加し、中央委員長を務めるとともにナップ（全日本無産者芸術連盟）の中央委員長に就任した。共産党に入党したが、この間日本民俗の研究も続け、「民間伝承の会」の創立に参加。そんな橋浦の名前が渋沢の「絵引は作れるものか」に登場する。

たしか昭和十五年頃からであったろう。画家でかつ民俗学者である橋浦泰雄さんに交渉して、絵巻物各種を一巻一巻丹念にアチック同人で検討してはその決定に従い同君にブラック・アンド・ホワイトで一つ一つ複写していただくことにした。画家だけでもまた民俗学者だけでもちょっと都合が悪い。両方を兼ねる点で橋浦さんはうってつけの方であった。何回か会合して注文し、出来上るにつけてこれをキャビネ版の印画紙に写し、それを土台としてこれに細かく番号をつけた。着物に、帯に、履物に、持ち物に、猫に、茄子に、柴垣に、舟またはその附属品にといったふうに。（渋沢敬三「絵引は作れぬものか」）

戦後は生活協同組合の結成に着手し、東京都生協連合会初代理事長となり、また日ソ協会杉並支部会長などを歴任。著書に『五島民俗図誌』『民俗採訪』『月ごとの祭り』などがある。

●文筆家・学者肌の子ども

渋沢敬三の実子にも文筆家や学者として優れたものがいた。

長男の雅英は大正一四年（一九二五）にロンドンで生まれ、武蔵高等学校（旧制）、前橋陸軍予備士官学校、陸軍少尉を経て東京大学農学部を卒業した。東京食品ロンドン駐在員を一年で辞し、米国でキリスト教系の道徳再武装（ＭＲＡ）運動に専従、帰国後ＭＲＡアジアセンターの語学学校経営など同団体の活動を続け曽祖父・渋沢栄一が設立に関わった東京女学館の第一二代館長に就任。公益財団法人渋沢栄一記念財団理事長を務めた。『父・渋沢敬三』など著書も多い。

次男・紀美は昭和二年（一九二七）生まれで翌年に亡くなっている。長女・紀子は昭和五年生まれで佐々木繁弥と結婚した。次女・黎子は昭和八年生まれ、微生物学者の服部勉の妻で黎子自身も微生物学者だった。

6　戦争の時代へ

●日本実業史博物館建設計画

渋沢は昭和一一（一九三六）年、実業史に関する「ミュージアム」の建設と祖父栄一の伝記史料の編集を思いたち、土屋喬雄に相談した。日本資本主義論争史で、実証研究の必要性を論じていた土屋は、渋沢の構想に賛同し、壮大な規模の渋沢栄一伝記資料の編纂事業が発足することとなった。ミュージアムについては昭和六年一一月一一日に栄一が死去した後、その遺言により財団法人竜門社が、栄一邸の寄贈を受けた。現在東京都北区飛鳥山公園内にある約八四七〇坪の敷地と建物がそれである。昭和一二年五月、竜門社は旧渋沢栄一邸の利用に関する委員会を設け、渋沢子爵家を栄一より継承し、同社の評議員でもある嫡孫渋沢敬三ら九名に委員を委嘱した。そしてこの委員会の答申をもとに、同年七月一五日に財団の理事会・評議員会において、「渋沢青淵翁記念実業博物館」の建設が決議される。このとき決議された計画案は、渋沢敬三が「一つの提案」としてまとめた構想をベースにしたものだった。

当時、渋沢敬三はきわめて多忙な日々のなかで、毎朝出勤前の二時間を『日本魚名集覧』の執筆にあてていた。文化に通じた若手の銀行家として財界でも知られるようになっていたが、学問と実業兼務する渋沢には第一銀行の内外で批判が絶えなかったようである。また同年七月には日中戦争が起こり、渋沢が支持した不拡大方針は実現せず、戦線は拡大しつづけた。

一方、実業博物館建設計画は竜門社の事業として動きだし、昭和一四年五月一三日、渋沢栄一生誕百年記念祭の際、「渋沢青淵翁記念実業博物館」の建設地鎮祭が行なわれた。しかし、戦時経済統制の強まりなどから竣工に至らず、その後も「日本実業史博物館」の名称で、その設立に向け資料の収集及び展示・収蔵のための施設設置場所の模索が続けられたが、ついに実現されることはなかった。

●戦時下の態度

昭和一七年（一九四二）、アチック・ミューゼアムは敵性言語の使用禁止を受けて、「日本常民文化研究所」に改称した。アチックの改名に象徴されるように、戦局が進むなかで渋沢にはこんな一面があったことを長男の雅英が証言している。

父は、当時左翼的であると言って弾圧を受けていた多くの文化人を、かげになりひなたになってかばったり助けたりしていた。大内兵衛博士を日銀の顧問にお願いしたのは、もちろん父の発意であった。三田の研究所にも多くの学者がおられた。一高や東大で思想問題で退学させられた経歴の人も多かった。三池騒動で有名になった向坂逸郎先生とは、東大で同級生だった関係もあり、先生が学校を追われて困っておられた時、二千円差し上げたという話は、先生自身の筆で書かれ、死後有名になった。

べつにマルクス主義に傾倒したわけではなかったが、この人びとの学問を惜しむ心と同時に当時の日本の政治の破局的な間違いに対して、憤りを持っていたのだろうと思う。子爵であり日銀総裁であるという父の立場だったから、身の危険を感じないでそういうことができたという面ももちろんあったと思うが、それにしても、そういうことをそれとなく静かに、しかしかなり大胆に取り運んで行くあたりに、父の父らしさもあったように思う。

戦局が悪くなるにつれ、みんながどういうわけか頭を刈って坊主にし、カーキ色の国民服にゲートルという姿で歩きまわるようになった。父は遅くまで背広を着ていたし、たまに国民服を着てもきわめて地味なデザインのものだった。「頭なんか刈っても始まらない。」とあっさり言っていたが、そんなつまらないことでもかなり決心のいる不思議な世の中だった。

（渋沢雅英同前）

右のようなエピソードから見ても、渋沢敬三は、〝右〟にも〝左〟にも与さないオルタナティブだったといえよう。

しかし、渋沢が大政翼賛体制に違和感を表わしたと言っても、時局にたいしてつねに抵抗し続けたわけではない。この後、戦中・戦後に日銀総裁や大蔵大臣を務めた（もちろん渋沢の本意ではなかったが）ように、時代の波に激しく抵抗するより、自分ができる範囲で仕事を全うしようとするのも渋沢の流儀だった。ただ祖父栄一から事業を継承して以来、公の役職は渋沢にとっていつも居心地が悪く、その居心地の悪さが学問への情熱を失わせない動機づけになっていたように思える。

●『日本魚名集覧』の刊行

昭和一七年（一九四二）三月、渋沢敬三はアチックミューゼアム彙報として『日本魚名集覧』第一部を刊行した。第三部「魚名に関する若干の考察」は昭和一八年二月に日本常民文化研究所彙報として、「索引編」である第二部は昭和一九年一〇月に同じく日本常民文化研究所彙報として刊行された。

本書編纂の動機は、日本の漁業史を扱う上の手がかりとして、三つのテーマを渋沢は考えた。「その一つは魚名ごとに魚方言が古文書解読に役立つこと、他の一つは漁人伝で多くの概ね名もない漁民の事績を集成して手がかりとしようとした。その数二四五九人を集めたものが『日本漁民事績略』（昭和三〇年六月刊）である。残りの一つは漁具の調査研究で、指標漁具として原始漁具ともいうべきウケ（筌）が選ばれたが、これは未だまとまっていない。（河岡武春「『日本魚名集覧』解題」）

この集覧には、魚名の和学名一一一三〇弱、魚方言一一八六八、参考魚名（紀記万葉以下、日本の古文献に記録されたもののうち魚種認定の確実と思われるもの）三八二二が採録された。第三部「魚名に関する若干の考察」改版で昭和三四年一〇月に角川書店から刊行された『日本魚名の研究』の序文はこんな書き出しから始まる。

生物の一つである魚類の存在は自然現象である。これに反し魚名は人と魚との交渉の結果成立した社会的所産である。名の実体たる魚類を基準として魚名を研究する時、自然的所産である魚類は常にコンスタントであるに反し、社会的所産である魚名は時と所と人とにより多くの場合複雑なる変化を示す。（渋沢敬三『日本魚名の研究』）

アチック・ミューゼアムの同人たちは、渋沢の原稿をカードに取り、配列し、本原稿に整理し、読み合わせから校正までを手伝った。第三部「魚名に関する若干の考察」は渋沢が魚名を集めながら気づいたことを、夜、仕事から帰ってから、同人たちと議論しあった覚書や手記を整理したものだという。第一部から第二部の刊行までのあいだに、渋沢は第一銀行常務を経て、同副頭取、日本銀行副総裁、同総裁となっていった。

民俗学者の安室知《やすむろさとる》は「渋沢敬三と魚名研究――その特徴と学史的意義」で、渋沢による魚名研究の特徴と研究姿勢にたいするこれまでの評価を以下のようにまとめている。

宮本常一は、「「生態学的」「科学的」で、かつ「精確度の高い資料」を用いてなされた」と評価とした。河岡武春は、「動物学よりする生態学的な物の見方」が基本にあり、「魚類学の素養も無ければ成立しえない業績」である。また、そうした同定を重視する研究姿勢は、「民俗語彙」「民具」についても同様であると指摘した。漁業史家の二野瓶徳夫は、渋沢の『日本魚名集覧』編集に見られる資料収集への意欲と自然科学的厳密性を持った資料整理について、「柔らかく自由な発想とあくことを知らない探究心」がなくてはできないことだと評価した。安室は、こうした先行者の評価を踏まえて、渋沢敬三の魚名研究が民俗学に与えた影響について柳田国男の方言論『蝸牛考』と比較しながら、その意義を挙げている。

・民俗学の主流（柳田民俗学）への暗黙の批判となる。
・昭和一〇年代、近代学問としての民俗学の黎明期において、対象（民具）だけでなく、方法論（周圏論）についても再考を迫った。
・魚名研究に「同定」のプロセスを設定することで、柳田の語彙主義を強く批判し、『蝸牛考』のもとをなす質問紙調査とともに、その後の調査結果の恣意的な解読について修正を迫った。
・周圏論の民俗学における一般理論化をとどまらせ、方言研究に限定させる重要な契機となった。
・単に一次資料を発掘し記録するだけでなく、また柳田民俗学を補完するだけの存在でもないことを示した。

渋沢敬三のライフワークである魚名研究は、柳田民俗学との違いを際立たせ、渋沢民俗学の独自性を証明するものだったのだ。

●日本銀行副総裁就任

アチック・ミューゼアムが「日本常民文化研究所」に改称した昭和一七年（一九四二）の三月一六日、渋沢敬三は四六歳で日本銀行の副総裁に就任した。渋沢は生涯になんどか重大な決断、岐路における選択に迫られたが、その最大の場面だったろう。

経済史家の武田晴人によると、この就任劇の舞台裏では三井財閥池田成彬や元山下汽船社長山下亀三郎が推進役として動いていたという。また大蔵省銀行局長だった山際正道も、賀屋興宣《かやおきのり》大蔵大臣から尋ねられて、敬三を推薦していた（武田晴人『歴史の立会人』「第3章 経済人としての渋沢敬三」）。

戦時経済体制が鮮明になっていくなか、戦時金融経済統制の正否は民間金融機関の協力にかかっていたので、これをスムースに実現できるパイプ役として渋沢に白羽の矢が立ったと推測される。しかし渋沢はこの推薦を固辞するつもりだった。祖父栄一から「家業」を託された身としては、第一銀行の経営に責任を負い、これに専念したかったであろう。だが、「サーベルをガチャガチャさせて」就任を求める東条英樹首相に押し切られる形で、渋沢は不本意ながら日本銀行に移り、副総裁に就任したのだった。

副総裁としては、金融統制会副会長として金融統制の先頭に立つことになった。金融統制会の主な任務は、各金融機関の資金吸収を促進し、貯蓄奨励計画の達成に努めることで、また資金運用面では、公債消化の具体的計画を推進することだった。さらに、金融機関の合併統合問題について、三井銀行と第一銀行の合併で仲介役を務めることになる。両行の合併は昭和一八年三月に実現し、新銀行名は帝国銀行となった。祖父の創業した第一銀行の名前が消えることに、渋沢は期せずして加担してしまったのである。

●日銀総裁へ

渋沢敬三は昭和一九年（一九四四）三月一八日に日本銀行総裁に就任する。武田晴人によれば、渋沢は、「あまり突然でびっくりしたし、私はこのままでどうか適当な方に総裁に来ていただくようにといろいろお願いしたが、（池田成彬は）例の調子で言葉は少ないが頑として耳を籍《か》さず、半ば命令的に押しつけられた形であって観念」したと語ったという。

昭和十九年の春には、結城［豊太郎］総裁辞任のあとを受けて、父は日銀総裁になった。石渡大蔵大臣からその交渉を受けたので、父は当時の大蔵次官谷口恒二氏に副総裁になっていただけるならお引受けしてもよいと云った。石渡さんは大きな目を丸くして驚かれたが、父の決心が固いのを見てとって、やむなくこれを承知された。戦争中のことで、日銀の仕事も官庁間の連絡が多く、その事情に精通した谷口さんのような方がおられないと動けない時代であった。（渋沢雅英同前）

日本銀行に求められたのは、軍需産業に必要な資金をできる限り潤沢に供給することで、渋沢は求められた金融行政の担い手としての役割を淡々と果たしたが、そのため、日本銀行の貸出高は急増し、また戦費調達のために発行される国債も激増した。

ところがその谷口さんは、翌昭和二十年五月二十五日の大空襲で亡くなられた。渋谷にお宅があり、神宮通りから青山の方向に避難されたが、青山通りを火が横ざまに吹き流れるというすさまじい劫火の中で行方不明となった。死体も見つからなかった。父は心痛して、東京の諸所方々を探したがついにわからなかった。後にご家族立会いの下に、副総裁室を開けて机を調べてみると、父あての遺書が入っていた。一カ月前四月二十八日付のもので、あすをも知れぬ戦争中とはいえ、何かこういう運命を予感しておられたに違いない。

「醜骸を人目にさらしたくない。」というご遺志通りになってしまった。(渋沢雅英同前)

こうした悲劇を身近に経験しながら、大蔵大臣渋沢敬三は、終戦を激動と混乱のさなかで迎えることになる。

●大蔵大臣就任と経済政策

渋沢は敗戦後、臨時軍事費の支払いのため日銀手持ちの銀行券が枯渇する可能性があるという危機に直面し、「その時にぼくは一週間寝られなかった」という。

「それで凸版印刷、共同印刷、大日本印刷等でめちゃくちゃにつくらしたのが、あの百円札（ろ百円券様式改正分）です」といわれるように、印刷局だけでは間に合わないために民間印刷会社に高額紙幣の印刷を依頼した。しかも、「民間の印刷会社に製造させる段になると、終戦時のことであるので、つくるのに紙がない。機械が故障して電気が通じない、さらにつくってもそれを運ぶトラックが足りない、ガソリンが手に入らない、といった状態である。その調達に日銀総裁の敬三自らが奔走した」という。（武田晴人同前）

山口和雄によると、この積極的な支払いは、「戦後インフレーション悪性化の最初にして最大の要因になった」もので、昭和二〇年度についてみると、終戦後の支払額のほうが戦争継続中のそれをはるかに上回るという。すでに戦争が終結していたのだから、渋沢は日銀総裁としても政府当局に働きかけて、なんらかの非常手段を採るよう努力すべきではなかったと思われると厳しい評価を下している。

その一方で山口は、渋沢総裁時代の重要な実績として日銀が「銭幣館コレクション」を手に入れたことを強調する。

太平洋戦争末期、貨幣収集界の第一人者田中啓文《けいぶん》（一八八四〜一九五六）の収集品「銭幣館コレクション」に空襲による被災の恐れが生じたため、田中と渋沢のあいだで資料を日本銀行に寄贈する話が具体化した。銭幣館コレクションは、東京への空襲が本格化するなかで、昭和一九年（一九四四）末に日本銀行へ寄贈され、現在は昭和六〇年（一九八五）に開館した日本銀行金融研究所貨幣博物館で収蔵・公開されている。

●戦後内閣の大蔵大臣に

第二次世界大戦直後の昭和二〇年（一九四五）、姻戚の幣原喜重郎首相（幣原の妻・雅子と敬三の姑・磯路は姉妹）に請われて、渋沢は大蔵大臣に就任する。そして半年の在任中に、預金封鎖、新円切り替え、高税率の財産税の臨時徴収などにより、インフレーション対策と戦時中に膨らんだ国債等の国家債務の整理にあたった。

太平洋戦争終戦の時点で、日本の財政は軍事関係の支出が大きく拡大し、財政運営の継続は困難な状態に陥っていた。幣原喜重郎内閣は、こうした困難な状況からの脱却のため、大胆な政策を打ちだす。太平洋戦争の膨大な戦費は、税金を使って調達することは不可能で、日銀による国債の直接引き受けによってほとんどがまかなわれていたのである。

戦災により企業等の生産設備が打撃を受け、生活物資の供給不足が生じるなか、旧軍人への退職金の支払いなど臨時軍事費の支出がかさんだ。これにともない、物価が高騰、預貯金の引き出しが激しくなり、銀行券の発行高が急激に増えるなど、猛烈なインフレーションに見舞われた。

政府は昭和二一年二月に新円切り替えを行い、すべての現金を銀行に集めたうえで、預金を封鎖する。次に、金融緊急措置令および日本銀行券預入令を公布し、五円以上の日本銀行券を預金、あるいは貯金、金銭信託として強制的に金融機関に預け入れさせる非常措置を実施した。家族の人数などに応じて、毎月一人いくらまで銀行から引きだせるという出金制限をかけることで、現金の流通量を減らし、希少性を高めようとしたのである。

日本政府は昭和二一年二月時点では、戦時補償を行う方針を明らかにしていた。しかし、「戦争によって何者も利得を得てはならぬ」との意向を持つGHQの強い要請を受け、同年一〇月一八日に戦時補償特別措置法が成立し、戦時補償特別税とあわせて、一〇万円以上の財産を所有する個人を対象とした財産税が新設された。

この財産税は、不動産だけでなく預金も対象とされており、保有する資産の額によっては資産の九割が徴収される累進課税だった。形式上は支払う形をとったが、支払額に対して一〇〇パーセントの税率で課税し、全額回収したため、実質的に戦時補償は打ち切られた形となった。

●「ニコボツ」の時代

昭和二一年（一九四六）五月二二日、幣原内閣が総辞職すると渋沢も大蔵大臣を辞任。またこの頃、渋沢家はGHQの財閥解体の対象となり、昭和二一年には創立以来敬三が社長を務めた澁澤同族株式会社も持株会社整理の対象となり、自らも公職追放の指定を受ける。また、自ら蔵相として導入した臨時の財産税のために、三田の自邸を物納することになった。追放中の昭和二三年一〇月、兵器処理問題に関し、衆議院不当財産取引調査特別委員会に東久邇稔彦、津島寿一、次田大三郎らとともに証人喚問されている。

渋沢自身が「ニコボツ（ニコニコしながら没落する）」と呼ぶこの時代、敗戦後の日本各地を再び歩くようになった。

また「ニコボツ」時代の渋沢にはこんな一面もあった。

食糧不足の折でもあり、追放で暇にもなったので、父は戦争中から始めていた畑仕事に精を出した。それは「家庭菜園」などというありきたりのものではなく、本格的な「農業経営」といいたいほどの徹底したやり方で、父自身まっ黒になって働いた。もともと全国の篤農家の方がたとのお付き合いも多く、ご指導も受けて、また種や肥料など特別のものを手に入れることもできたのだと思うが、三千坪ばかりの三田の庭は専門家でも驚くほどの収穫をあげた。(渋沢雅英同前)

三田の畑ではキャベツやサツマイモを栽培していて、訪ねてくるものがあると手製の野菜料理でもてなした。しかもその表情には悲壮感はなく、実に晴れやかだったため、訪問者を驚かせたという。

また従兄の穂積重遠が皇太子殿下の傅育官をしていたときのこんな逸話がある。

終戦後のまだ食料事情が悪い時代、宮中も同様で、ある日昔なら見られなかったような雑魚が食膳にのぼった。「今日宮中でお食事の時変んな魚が出た。が、その方言名しかわからぬが何だろうということになった。すると陛下が渋沢の魚名集覧を見ようと仰言って、御文庫から取り寄せられてお調べになってわかった。君も妙な本を作ったもんだ」と穂積に言われた。しかし、渋沢は魚名集覧を献上したことはなかったので、いつどこでお求めになったかと光栄に感じ、恐縮したという。

●民族学への支援

昭和二二年（一九四七）渋沢敬三の提唱により、人間科学に関係の深い六つの学会から連合が組織される。昭和二五年には日本民族学会、日本民俗学会、日本人類学会、日本社会学会、日本言語学会、日本地理学会、日本宗教学会、日本考古学会の八学会連合になり、昭和二六年に日本心理学会が加わって九学会連合となった。九学会連合による共同調査は、前期には離島などの特定地域で行われ、後期にはテーマ別に全国規模で行われた。共同研究の地域とテーマは、対馬、能登、奄美、佐渡、下北、利根川、沖縄、奄美、風土、沿岸文化、均質化だった。

日本における社会人類学の草分けで、日本人のムラ意識、年功序列などを分析したロングセラー『タテ社会の人間関係』（一九六七）で知られる中根千枝（一九二六〜二〇二一）は、民族学・人類学にたいする渋沢の貢献を述べている渋沢先生、と私たち民族学関係者は敬愛する対象として渋沢敬三氏をよんでいた。実際、終戦後間もない時代の渋沢敬三氏は民族学の仲間にとって、パトロンであり、父親のような存在でもあった。民族学はまだ大学の学科にもなく、財団法人日本民族学協会（現在の民族学振興会の前身）が全国の唯一の当該学界の組織であり活動の中心であり、その会長兼理事長が渋沢敬三氏であった。日銀総裁、大蔵大臣という大任を果されていながら、渋沢氏の民族学界への御尽力は並々ならぬものがあった。

（中略）

この間、会長として民族学界をリードされ、また学会活動、民族学標本の収集、海外調査への援助を惜しまれなかった（財界からずい分寄付を集めて頂いた）ばかりでなく、年一回の日本人類学・民族学連合大会にもときどき御出席され、民族学者たちと親しく歓談された。今で思うと、あのお忙しい財界の活動、大きな責任のある地位にあって、どうして民族学界のために時間をおつくりになったのだろうと不思議な気がする。私たちと民族学のことを話されているときの先生はとても楽しそうで、私たちも、財界の重鎮でいられることをつい忘れて、お親しい頼り甲斐のある先生といった感じで接していた。

たまたま、私がインドに調査に行くとき（昭和二十八年）、渋沢先生に御挨拶をということで、国際電信電話の社長室にお訪ねしたことがあった。社長室での先生は仕事を次々とこなしていられる精悍な財界人といった感じで、別人のようであった。そして、「これを調査費に」とポンとお札をテーブルの上に置かれた。たしか五万円だと思ったが、当時は一万円札がなかったのか、ずい分厚みがあったように覚えている。（中根千枝「民族学の育ての親、渋沢敬三氏」）

なお宮本常一が講談社のシリーズ「日本民俗文化大系」で渋沢敬三を担当したとき（一九七八年）、その副題を「民族学の組織者」としたように、戦後のアカデミズムにおいては直系の日本常民文化研究所を除けば、渋沢は「民俗学者」より「民族学者」寄りに見られているように思われる。

●妻登喜子との別居

昭和二二年（一九四七）、渋沢は妻登喜子と別居する。

祖父栄一、父篤二ともに、女性関係ではさまざまなことがあったが、渋沢もまた順調な夫婦生活を送ったわけではなかったのだ。

父は心の暖かい人だった。私たちと一緒にいても文句を言ったり、怒ったりすることはめったになく、いつもていねいで節度があり、思いやりも深かった。……とくに大事件があったわけでも、大喧嘩をしたわけでもなかった。昭和二十二年に別居するまでに二十数年間をともに暮し、四人の子（私と二人の妹のほか夭折した弟があった。）までつくった仲でありながら、どうしてあんなことになったのか、いろいろな人がこれを疑問にした。

母が悪いのだ、母が我儘なのだと考えた人も少なからずある。表面に現われた形だけをとらえてみれば、戦後一番ひどい時に、夫と子供を残して家を出て行った母が責められる面もあったに違いない。母にしても人間である以上、妻として完璧ではなかったかもしれない。しかしこれは母だけの問題ではなかった。どこまでも二人の問題であり、どちらか一方を責めることはできないと私は考えていた。

（中略）

「お父様が何を考えていらっしゃるのか、私にはついぞわかりませんでした。」と母はあるとき述懐した。女学生時分、乙女ごころに嫌いでなかった中学生のころの父とくらべると、大学を出て銀行に入った父は、あまりにも変ってしまっていて、取りつくしまもなかった。そしてその理由は、父が亡くなるまで母にはついに理解することができなかったのである。

（渋沢雅英同前）

渋沢と子どもらを置いて家を出た登喜子は、得意の英語を生かして外資系企業の社長秘書や近所の子どもに英語を教えるなど自活し、平成六年（一九九四）九一歳で没している。

●見舞いに贈られた『日本釣漁技術史小考』

昭和二六年（一九五一）追放解除後は、経済団体連合会相談役や、電電公社からの国際電話事業分離で特殊法人として設立された国際電信電話の初代社長、財界が共同で設立した文化放送の会長（澤田節蔵の後継として就任）、日本電波塔株式会社設立時の取締役に就く。また日本モンキーセンター初代会長などを務めた。日本経営者団体連合会常務理事、金融制度調査会会長、国際商業会議所日本国内委員会議長なども務めている。

昭和二七年、沖縄線によって破壊された校舎復旧の早急な実現を計り、戦後沖縄教育の復興に寄与することを目的として「沖縄戦災校舎復興促進期成会」が設立される。渋沢は翌昭和二八年に、同会の会長の屋良《やら》朝苗《ちょうびょう》（後の行政主席・県知事）、歴史・民俗研究者の比嘉《ひが》春潮《しゅんちょう》、方言をはじめとする沖縄研究者・方言学者の金城《きんじょう》朝永《ちょうえい》らから懇請され、戦災校舎復興後援会長就任を受諾した。その後、内地の小学校児童を中心に九二五万人、六五〇〇万円寄付を達成し、この基金で教材を購入、校舎は米軍により新築された。

昭和二八年には開館に関わった十和田科学博物館が開設。昭和三〇年には、渋沢栄一伝記資料刊行会より『渋沢栄一伝記資料』の刊行を開始。昭和三二年には外務省移動大使として中南米各国を歴訪した。

昭和三五年に渋沢は旅先の熊本で倒れ、東京大学附属病院に入院、それ以来入退院が多くなった。昭和三六年には東洋大学の理事に就任し、小川原湖民俗博物館を開設している。

昭和三七年一一月、病気療養中だった渋沢は、日本学士院編『明治前日本漁業技術史』から自ら執筆した釣漁業の部分をとり出し、『日本釣漁技術史小考』と題して角川書店から出版、病気見舞を受けた人々などに贈呈した。

戦前に帝国学士院が紀元二千六百年記念事業として明治前日本科学史の編纂を企画し、その一冊に日本漁業技術史をあてて、執筆を日本常民文化研究所に依嘱した。この研究は、戦時中も続けられ、昭和一八年に釣漁業・網漁業・捕鯨および特殊漁業が脱稿され、学士院に提出された。しかしそれが日本学士院編『明治前日本漁業技術史』として刊行されたのは、戦後の昭和三四年のことである。

この編著で釣漁業は渋沢自らが担当し、網漁業は山口和雄、捕鯨および水産加工は伊豆川浅吉、その他の特殊漁業は宮本常一・竹内利美、漁船は桜田勝徳、製塩は楫西光速、魚肥は戸谷敏之がそれぞれ分担した。渋沢が釣漁業を担当したのは、大正末頃から約一五年間よく海釣りをし、強い興味を持っていたからだろう。

『日本釣漁技術史小考』は、四六判二二六頁の比較的小さな書物だが、日本で唯一の本格的な日本釣漁技術史と評価される（山口和雄）。日本の釣漁技術の発達を、釣漁法・釣鉤・釣糸・テグス・釣竿・ウキ・錘・天秤・餌料の各側面から、『本朝食鑑』『河羨録』『釣客伝』『魚猟手引』『嬉遊笑覧』『日本水産捕採誌』などの文献からひろく渉猟し、伝承も参考にして考察している。

●最晩年

渋沢は昭和三八年（一九六三）に朝日賞を受賞し、東洋大学からは名誉文学博士号を授与されている。名誉学位をうけたときの経過報告には、「特筆すべきは、わが国における学術の進歩発達に強い関心をよせ、人類学、民族学、社会経済史、産業史、さらに水産史、水産動物学等に寄与するところ少なからず、なお文化、社会、自然の諸分野にわたって援助勧奨した研究の成果もすこぶる大きく学術的探検、実地調査を助成した功績は、ひろく学界から感謝されているところ」であると記された。

同年五月、文部省史料館に寄贈した民俗資料の収蔵庫が落成、その式典に出席。糖尿病と腎萎縮を併発し一〇月二五日に虎の門病院にて死去。満六七歳没（享年六八）。没後まもなく勲一等瑞宝《ずいほう》章を授与される。墓所は渋沢子爵家代々の墓所がある谷中霊園にある。

第二章　『祭魚洞雑録』『祭魚洞襍考』ほかを読む

1　最初の単行本――『祭魚洞雑録』

●「蛹は成虫となって空に飛ばんとしていた」

『祭魚洞雑録』は渋沢敬三にとって初めての単著で、昭和八年（一九三三）年一二月に郷土研究社から刊行された。「アチックの成長」「南島見聞録」「津軽の旅」「井の頭学校生徒手記一、二、三」「祖父の後ろ姿」「伊太利旅行記」「倫敦の動物園を見るの記」「本邦工業史に関する一考察」の八編が収録されていて、そのうち四編が『竜門雑誌』に掲載されたもので、ほかの四編が書き下ろしである。

この本を編む動機について「アチックの成長」で渋沢はこんなふうに語っている。幼虫時代の物置のアチックが、蛹《さなぎ》時代には自動車小屋の屋根裏に移り、それが狭くなって蛹が繭を破って出るようになった。昭和八年に新築の階下ができ、文字どおりアチックではなくなった。蛹が成虫となって空に飛ばんとしていたこの機会に、自分としてなにか記念でもして見たい衝動にかられた。

全くただこれだけの理由で、自分がかつて書いておいたもの、また『竜門雑誌』に載せて戴いたつまらぬ雑録をまとめて、一つの本としてみたのである。今読み返すと冷汗が出て皆書き直してしまいたいものばかりである。しかし、自分としては、それがどんなにつまらなくても、その当時の感激なり実感なりを、正直にそのままアルコール漬にして置きたいと思う故、手も何も入れずにおいた。何れも直接アチックには無関係ではあるが、読み返してみると、現在のアティックへ一脈の血は通っているようである。

八編は、エッセイ（随想・随筆）・論文・紀行文とさまざまだが、どの文章をとっても渋沢が若い時期のみずみずしさにあふれている。それでは収録順にこだわらず、気になる文章とその特質をみていきたい。

●「本邦工業史に関する一考察」

『祭魚洞雑録』に収められたなかでは最も若い時期の「本邦工業史に関する一考察」は、大正九年（一九二〇）五月に、東京帝国大学経済学部の山崎覚次郎教授のゼミに卒業論文として提出したものである。

この小論文を書きました頃は丁度労働問題が流行で、ゼミナールの人々も或いはストライキ或いは社会主義に就て各々勉強されましたが、私は先生のお勧めもありまた経済史に幾分興味を持っておりましたので、このようなものを選んだのであります。もともと学生の仕事で大したことは出来ませぬ故、まずビュッヘル氏の所論を考究し、次いでこれに基いて本邦に於ける有様をながめようとしたのであります。ところが当時は本邦経済史に関する資料は今から見ると驚くほど少かったためはなはだ困難を感じ、かえって他の方がやっておらるる翻訳の手取り早いのが羨ましく思われたほどでした。

この論文の目次を挙げると、緒論と各章は「(一)家内仕事」「(二)賃仕事」「(三)手工業」「(四)家内工業」「(五)工場制工業と家内工業との関係」で、小節は第一章では「家内仕事の意義」「本邦に於ける家内仕事」とあり、以下の章もこれに準ずる。

最初にビュッヘルの所論を整理するとともに、当時の日本には少なかった資料を集め、聞き取りもしている点が、のちの民俗学につながるところかもしれない。また音の広告や声の広告にふれているのは、「日本広告小史」につながり、職人の問題への関心は民具の製作者とも結びついている。

●「アチックの成長」

「アチックの成長」はここまでにもなんどか引用してきたが、アチック・ミュージアムの誕生、展開をあとづけるうえで当事者による貴重な証言記録といえる。

早川君の『花祭』の中に、舞の順序を色分けした線で表わした図があるが、あれなんか、見ていただけで気が遠くなりそうだ。恐らくあの図は、早川君だけに解って他の人にはボーとしか見えないものだという気がするが、しかし一面あんな図が書けたからこそあんな本も出来上ったのだとしみじみ思う。早川君の熱心に動かされて、つい、自分も花祭ファンとなって訳も解らずに三河の奥へ「花」を見に出掛けたことも、指を折って数えるほどになった。これらの諸君の肝煎で、一力花《いちりきばな》を昭和五年の春、拙宅改築落成を機として勧請したのも、一つには、三河の奥へわざわざ行ってまでもと思われる方々に、花祭抜粋篇でその概念を得られるようにと思ったのと、また、一つには、早川君多年の労力を慰める気持からでもあった。そしてアチックミューゼアムは、こんなことから三河に思わぬ知己を得たのである。

アチックの成長に早川孝太郎と彼のフィールドで育まれてきた民間芸能が大きく寄与したことがよくわかる。また、東京の自邸で花祭を演じてもらうことを「勧請」といっている点に、渋沢の素朴な敬神の情が表れている。

一方で渋沢は、民間芸能の分析、継承のされ方という主題においても、そこに社会経済史的な裏づけを求める。アチックならびに渋沢敬三の学問は、その始まりから、民俗学にとどまらない幅広さ、超領域性をめざしていたのである。

●「祖父の後ろ姿」

「祖父の後ろ姿」は文字どおり祖父渋沢栄一の実際に目に見える「後ろ姿」から、〝日本資本主義の父〟〝実業界の大御所〟などと呼ばれた肉親のふだんと内面を描きだそうとしたものである。

八十歳までの祖父は随分とも人間的でありました。すべての方面に物欲が残っていました。昼食に私と二人でよく穴子の天ぷらを平げた祖父でありました。注意するといった程度の小言を云っても、一面ユーモラスな点があると同時に、他面ロジカルに相手へ迫るというようなところがありました。自らの意志を他人に伝える肉迫力とか、積極的なものの指導とかを、あの靉靆《あいたい》たる春霞のような老人の笑顔のうちから、ひしひしと感じていました。それは如何に驚くべきほど出来上っていたにせよ、人間としての匂いは随分強く感じていました。しかるに八十頃から後に至って、先に述べた指導力とか肉迫力とかいった圧力が、何時の間にか消え失せてしまったにもかかわらず、傍に接していると、祖父から云い付けられたり、求められたりするのではなくて、何だか、こちらから言ったり行ったりしなければならないような気持に、無理ではなく、無言のうちにさせられてしまうことを感じ出しました。……

殊に私は多くの場合、祖父の後に従って歩いてゆくことが多かったためか、この感じをその後ろ姿にはっきり見出したのであります。ほんの僅かばかり首を左に傾けて、子供の後頭部にも似た、如何にも柔かそうな年の割に黒い髪の毛を白いカラーの上に房々とかかげ、どういう訳か右と左とに高低《たかひく》のある足音を立てながら歩いてゆく、その祖父の後ろ姿には自分などには想像し得ない、永い年月の閲歴を経、経験を深く蔵した、しっかりした偉人というよりは、むしろ侘しい一個の郷里血洗島の農夫の姿を見るような気がしました。……

（中略）

私は世間でよく「実業界の大御所」と祖父を一言に云うのを何となく的はずれな批評に思っておりました。というのは祖父は仕事と人々の人格との相関関係を確把して、しかもそれ以外には何物も考えなかったような気がしていたからであります。云い換えれば祖父は仕事と人格との関係のみに絶大の注意と努力を払って、量や力は極めて軽く見ていたといえますし、大御所の響きの裡《うち》に聞える力は、即ち祖父の一生を通じて懸命に念じたこの人格の高貴とは全く相反する極に在るものと思うからであります。これを要するに「棒ほど願って柱ほど働いて針ほど叶った」のが量的に見た祖父の一生かもしれません。


「祖父は仕事と人格との関係のみに絶大な注意と努力を払って、量や力は極めて軽く見ていた」。こうした一節からもうかがえるように、渋沢栄一と渋沢敬三のあいだには、思いがけない事態によって行われた事業の継承という難しい問題をはらんでいたが、嫡孫の目はきわめて冷静だったのではないだろうか。

●「井の頭学校生徒手記 二、三」

『祭魚洞雑録』のなかでもかなり異質で、しかし非常に興味深い対象を取りあげているのが「井

の頭学校生徒手記　二、三」である。

井之頭恩賜公園にあった東京市養育院感化部井ノ頭学校は、明治三八年に設置されたもので、祖父栄一が院務を統督するなど渋沢家と関係が深かった。

この森の公園の一隅に東京市養育院の井の頭学校がある。生徒百余名。何れも不良性ありと認められて特種の教育を受けている。不良性ありと思われる者も確にいるが、中には誤って、或いは特殊の事情で、一時的に不良と認定されて送られて来た者も少くない。

渋沢が大正一四年（一九二五）にイギリスから帰国し、井の頭学校を初めて訪問したときの第一印象は、大都会の子どもである彼らに、井の頭は都会の音がなさすぎるというものだった。そこで生徒たちになんとかして「音」を与えたいと思いつつ、多忙にかまけて一日延ばしにしていた。翌一五年、妻登喜子の母磯路が亡くなり、附属中学校の親友で登喜子の兄弟である木内良胤・信胤から香典返しの相談を受けた。そこで渋沢がこの話を持ちだしたところ、木内家の人びとはこの申出を喜び、母の供養として、その一部を割いてバンド（楽隊）の楽器を一組購入し、寄附した。そしてこの楽隊の指揮者として、やはり親友の音楽家・矢田部勁吉の紹介で、元戸山学校音楽隊指揮官で日本少年団音楽隊を受けもっていた春日嘉藤治が快諾した。

面白い楽隊を聞きながら喧嘩を続けられる人はあるまい。一度美の世界に目醒めた時、醜に対する感覚は一層明確な意識を以て人々に迫る。昔感化院といった井の頭学校に今まで淀んでいた重苦しい圧迫の空気は音楽の出現によって徐々に薄められだした。この空気の変化はその影響を独り子供の上にのみ投げただけではなかった。事実井の頭学校の先生方が別の呼吸をし出した。音楽を伴う訓練と単純な叱責。笑いつつ導く教育と苦虫を噛みつぶしたものの教え振り。生徒の頭上から先生の鉄拳が遠くなって親身な訓誡に変って行った。不良性の少年を四六時中教育しつつ井の頭の森の中の官舎にこれも生徒と等しく閉されていた先生方の家庭にも、楽しい音調《メロデー》は文字通り訪れて、先生方の家庭も何時の間にか明るくなっていった。一年後には井の頭学校生徒の脱走が激減した。

バンド結成の効果はこれだけにとどまらなかった。

各自の独立性を保ちつつ勝手気儘を許さない。しかもよく覚えて一曲を完成するには並大抵な努力では足りない。異常の辛抱と精神統一を要する。ここに学校の子供達にとって欠くるところの社会性の発達を促し、散漫な精神活動と飽きっぽい性質を適当に矯正する力がある。かくて音楽の第二次効果が表れたのである。

センシティブで一種の社会問題を扱っているが、途中に挟みこまれた生徒の手記も含めて独特の読後感を覚えさせる一編である。

●「津軽の旅」

「津軽の旅」はのちほど紹介する「南島見聞録」ともに、日本列島及びその周辺を旅した本書中では二編の紀行文のひとつである。ここには当時の民俗学者と共通する渋沢の民俗学的関心、地域の民間信仰に注ぐまなざしがある。

館岡八幡では鳥居に打ち附けた巨《おお》きな馬の沓と藁で作った瓢《ひさご》と猪口《ちょこ》があった。本殿へ参拝しただけでは満足せぬ一行である。社へ詣でると、必ず裏の末社を仔細に観て廻ることにしている我々は、ここでも奥にある木造の小さな祠を見つけて、中にあった高さ五寸弱の木像を見つけた。自分は思わず大声で早川君を呼んだ。その声には驚異と不審と喜悦とが一度に交っていたに相違ない。一目でそれと判断がつく紛れもない河童の姿である。……土地の人に河童かと聞いたが通じない。ああシイッコサマですかと云う。

この地方における河童の異名・方言名である「シイッコサマ」、あるいは「オシッコサマ」は、漢字にすると「水虎様」で、この呼びかたには折口信夫も強い関心を示したことで知られる。

また「増川峠」という節では、旅に同行した早川孝太郎の聞き間違いをきっかけにした、ユーモラスな逸話を語っている。

今三厩に居るイタコは三歳の時盲になって今年二十八だという。二十歳頃弘前に出て修業した。声が非常によくて義太夫、浪花節その他歌は何でも真に上手なので、青森辺から来るお客さんにも重宝がられた。片田舎の一夜の徒然《つれづれ》に歌でも聞こうとする人があったらしい。そんならそのイタコに会えないかときくと、今は居ないと云う。どこへ行ったかときくと、函館のカンゴクへ行ったと云う。早川君、カンゴクはひどいね、若いイタコだ、変なことがあったって罰金くらいで済みそうなものだと、本気で不審がっている。話が妙になったのでおかみさんも、つかぬ顔をする。児玉君はさすが弘前高校生徒だ。そりゃ観桜会《カンオーカイ》じゃないかと云うと、おかみさん笑って「そーでネースー」と云った。採訪の大家早川君一世一代の失敗の巻である。実はこのイタコ、歌上手なところから浪花節一座に頼まれて函館へ花見がてら行ってまだ帰らぬというのである。これでとうとう一度もイタコに遭えなかったのは残念であった。

こうした短編はどこか柳田国男が大正九年（一九二〇）に『東京朝日新聞』に連載し、その後、『雪国の春』（一九二八）として刊行された紀行文の一話を彷彿とさせないだろうか。

●「伊太利旅行記」

「伊太利旅行記」と「倫敦の動物園を見るの記」は横浜正金銀行ロンドン支店に勤めていた頃の紀行、見聞を綴ったもの。

「伊太利旅行記」は渋沢の西洋美術に関する関心と造詣の深さがよく出た紀行文で明治三二年(一八九九)から三三年にかけて、従兄の穂積陳重が敬三の父篤二を伴って外遊し、家信をまとめて「欧米紀行」とした方法を踏襲したようである(河岡武春による)。「十一月二十四日」「ローマ着」「ヴァティカノ」「セント・クレメンス」「システィン・チャペル」「セント・カリストのカタコム」「ローマ雑記」「フィレンツェ」「ミランからスイスへ」「パリー帰着」の十節からなる。

大正十一年から十四年にかけての自分が正金銀行倫敦《ロンドン》支店勤務中、諸所へ旅行したりまた何等か特殊の問題があった折節に手紙代りに故郷の祖父や父へ何かと書き送るのを例とした。本篇はその一つで大正十二年第一回目に伊太利を旅した時の見聞録である。次の動物園の記も同様、手紙の中の一節を載せたものである。

渋沢がイタリアを旅行するにあたり、イギリス・ロンドン時代における美術の体系的な学習は大いに役立ったようだ。

初めのうちは漫然と見ていてさほどに思わなかったものでも、それ自体がいいものであれば、何度も見てるうちに、にぶい我が心を向うから押し開いてくれる。写真のピントを合わすのにも似ている。初めはボンヤリしているが、だんだんフォーカスが合ってくると、初めて見た時とはまるで別物であるかのような相を呈してくることがある。その時の嬉しさといったらない。審美的に特別の才能を有する人は別として、普通の人間にとって、美術を少くも正当に鑑賞するためには、かなりの苦痛と努力とを払わねばならぬという、解りきったことを今更痛感する。そしてその苦痛と努力の払い方の少いために、芸術をほんとうに観ることが出来る場合の少い自分をつくづく気の毒に思う。

フィレンツェの記述ではボッティチェッリにふれた感激が記され、美術史家・美術評論家の矢代幸雄の名前が出てくる。矢代は、横浜正金銀行の友人仲間の研究会に招かれているが、その研究会のリーダーが渋沢だった。

当地のベレンソンに師事された矢代幸雄氏は、今倫敦《ロンドン》に居られるが、氏がフィレンツェで自身監督のうえ撮らした部分の写真が今までにないほど素敵なものだそうで、目下倫敦のメディチ・ソサエティで出版計画中であるという。自分はまだその写真に接しないが、そのうち見たいと思ってる。けだし線の画家とでもいうべきボッチチェリのセクションが、日本人によって新しい見地から研究され、西洋人を吃驚《きっきょう》させたのは当然であるし、またボッチチェリの性格そのものも日本人向であろうと思った。

渋沢はヴァティカンで日本の奈良時代の美術との比較を開陳している。

東京に居る時分、ローマへ行ったら素敵なものを見られると思っていた。世にも稀なる彫刻の逸品は殆どローマに集ってると思っていた。それは大体に於てあやまりはなかった。それから大学を出た年の五月、奈良へ行った。奈良を奈良として見たのはこの時が初めてであった。三月堂の不空羂索《けんじゃく》観音や梵天や日光《にっこう》、月光《がっこう》にも感心した。三月堂の建築そのものも好きになった。唐招提寺の古びた建築を見た時の印象はいまだにこびりついて離れない。薬師寺も嬉しかった。法隆寺の金堂も夢殿も随分感激した。しかしギリシャの美術はこんなものでなくもっともっと大したものだろうと考えていた。そしてこの度ローマへ来て眼のあたり名作に接して、何だか宛外れの感に打たれた。それはギリシャの美術を低く見たのではなくて、奈良美術を低く見過ぎていたことに気付いたことであった。勿論方向は全然異ってる。一つは宗教芸術である。一つは芸術そのものである。だからその意味からいって無論比較の出来る対象ではないのだ。しかしギリシャ芸術が自分を感激させた時、同時に自分の心

の中にも り上って来たのは、不思議にも奈良芸術に対する尊敬と憧憬とであった。

柳田国男が国際連盟委任統治委員としてスイスのジュネーブに滞在していた頃、ドイツやイタリアを旅行し、西洋美術に親しんだ経験とも重なるところがある。柳田はフィレンツェのウフィッツィ美術館でボッティチェッリの「ヴィーナスの誕生」を観て、そこから「桃太郎の誕生」の着想を広げたのはよく知られるところだ。柳田と渋沢、どこか重なり合う二人の西洋体験から、当時の日本の教養人の、西洋文化の仕方の一端が垣間見える。

●「倫敦の動物園を見るの記」

「倫敦の動物園を見るの記」は渋沢らしい生物学的関心と、社会にたいする提案を兼ねそなえた魅力的な一編だ。

ロンドンのズーは、公衆に対して完全に近いほど整っているが、そのほかに更に感心なのは、種類の多いことと、動物に対する設備のいいことである。動物学も今は生物化学、遺伝学、生物哲学等へ向っている。動物学の分類学や生態学はいささか古い。しかし一方から見れば、これが基礎であり殊にダーウィンやワーレス、ハックスレー、スペンサーを生んだ英国としては、この方面は実に到れり尽せりである。実際的な英国人の最も得意の方面に違いないが、それにしてもこの動物園とケンジントンの生物博物館とを一巡すると、ダーウィン直系の進化論は一眼で瞭然だ。ダーウィンの進化論もまたかかる設備や採集の興味に対しての一大原動力であったことは否めまい。

……殊に驚くのは昆虫等まで丁寧に飼ってあることだ。南フランスの蠍《さそり》もいればエジプトの蝎もいる。蛭《ひる》も種類は少いが游《およ》いでいる。蟻もいれば捕鳥蜘蛛もいる。田亀やゲンゴローや松藻虫や百足《むかで》やカタツムリや、またいろいろの蛾の蛹が世界の到る処からとどいている。トンボの幼虫タイコムシもいれば、ずっと小さく各種のミジンコまで、ピンピンと水の中ではねている。これはいずれこれこれの蛾や蝶になると、毛虫をいろいろ飼ってある。但し蚕はなかった。

渋沢はロンドンの動物園をつぶさに観察したうえで日本の東京にもつくるべきだと具体的な計画を詳しく述べはじめる。

ロンドンのズーは、その実質的内容に於て優に世界一であろう。これほどの設備はよし出来なくとも日本にも一つ、まずこれならというのがほしいものだ。自分にはこれについて一つの空想的計画がある。

それは多摩川沿岸の双子［二子］か、或いはその少し上あたりでよい。両岸にまたがる一大公園を東京市は持たねばいかぬ。あの辺に今のうちに一ついい土地を残しておかぬと、今に多摩川は目茶苦茶になるにきまってる。そしてその一隅に上野の動物園を移転せしめて、もっと大規模のものとする。公園内ならびに動物園内には多摩川の清流を少し上流から引いて流す。少くとも淡水水族館はこの清流の水を利用すれば水槽以外のものまで楽に出来る。海水産のものも海水を、東京湾から六郷川へ舟で運べば浅草よりはいいだろう。多摩川に一つ、狭山に一つ、井の頭に一つ、鴻之台［国府台］辺に一つ、我孫子辺に一つ、志木か野火止辺に一つ、と大公園を今から設定しておく。……ズーは美術館ほど人を高尚にはしない。しかし毎日工場の煙と、生活難と、市内の雑沓とに疲れ切った市民の神経をまず安めるには、これに越したものはない。美術館や音楽堂はその次に来るべきものだ。思へばロンドン市民は幸福だ。顧みると東京の市民は同じ時代に生き永らへる人々と思はれぬほど、こんな点では不幸だと思った。

東西の美術への鋭い鑑賞眼、深い見識にたいし、こちらでは渋沢の科学者としての関心と、実現のための具体案が提示されていて、文化行政についての提言として魅力的な内容になっている。

●「南島見聞録」と偏見

「南島見聞録」は本書中ではかなりの長編である。渋沢の年譜によると、大正一五年（一九二六）

五月、遠い親戚でもある農林省農務局長・石黒忠篤と、同課長・井野碩哉らの台湾米穀大会への出張に随伴し、その後石黒と沖縄先島及び本島をめぐって鹿児島に帰着した、二五日間の紀行である。

この文章については網野善彦が『澁澤敬三著作集 第1巻』の解説「被差別部落・「原始民族」への言及について」で、渋沢敬三にも拭いがたかった偏見を剔出《てきしゅつ》している。

本巻所収の論稿のうち、とくに「南島見聞録」には台湾住民を「本島人」「土民」、高山族（高砂族）を「生蕃」「土人」と表現するとともに、高山族、アイヌ、太平洋の「太平洋民族」をあわせて「我が国の有する三大原始的民族」「原始民族」とし、朝鮮半島の米を「鮮米」と表記するなど、民族差別を潜在させた語が多用されている。また「本邦工業史に関する一考察」にも、同様の「未開人」の語、さらに「特殊部落」「特殊人民」「下り職」など、部落差別を明示する用語がしばしば見出され、それは特定の地名にまで及ぶ場合も見られる。

そして、「学界に未だ定説なきも」と断っているとはいえ、被差別部落を「大和民族」とは別の「異種族」とする「多くの説」に沿った叙述も行われている。……

しかし、これは渋沢敬三の学問、あるいは社会活動を考える上で、決して無視することのできない重要な問題の一つである。……

台湾に渡り、台北を見た渋沢は、まず博物館の貧弱さに着目し、福建人、広東人などの中国大陸の出身者や高山族などをその住民とする台湾社会について、人類学的、民俗学的研究が大いに必要であること、それは日本人自身が人類社会の中での自らの位置づけを正確に認識するためだけでなく、中国人の生活そのものを深く理解する上でも、当面、必然の課題である、と強調している。

そして、アイヌ民族について、小金井良精、バチェラー、金田一京助などのすぐれた学者がその研究を進めているように、台湾諸民族に即しても「柳田国男さん」のような研究者が生まれることを切望しているのである。さきに、「民族差別を潜在させている」といった語は、まさしくこうした文脈の中で多用されている点に注意しておかなくてはならない。

また当時の学問の状況や日中関係を考えると、こうした渋沢の指摘が学問的に見ても卓見であり、真の深い相互理解に基づく日中の友好を目指している点でも、時流を大きくこえる姿勢であった。そしてこのような台湾での経験こそ、後年の人類学・民族学・民俗学の研究者との交流、援助から、戦後の国立民族学博物館の設立にいたる、渋沢の社会的な活動の原点の一つになっているものと思われる。

しかもそれが決して単なる門外漢の立場、傍目八目などではなく、渋沢の異文化・異民族に対する学問的な姿勢、研究者としての鋭い着眼に裏づけられていたことは、この見聞録自体が、すぐれた「民族誌」となっている点から見ても、よく知ることができる。「水呑、中百姓、地主」の階層別に農家を訪問し、その生活の実情を確かめ、「現世と鬼界の扉」となる煙のもととなる金銀紙の機能に注目し、駅で売られている粽《ちまき》の三角形に目を向け、高山族の民謡に三部のハーモニーを聞き取る渋沢の耳目は、広い視野を持つ民俗学・民族学の研究者のそれといっても決して過言ではなかろう。

育ちのよさなどからくる渋沢の差別意識を鋭く指摘しながらも、その視野の広さを評価する網野は内在的な批判者といえるだろう。

渋沢の民俗学を考えるうえで、こうした差別意識をどう捉えていくかは大きな課題だろう。それが渋沢だけのものなのか、あるいは時代性を帯びたものなのかを問いかけながら渋沢の論述を読む必要がある。

2 「延喜式」への着目――『祭魚洞襍考――第一部 日本水産史研究』

●水産史研究の足跡

『祭魚洞襍考《しゅうこう》』は渋沢敬三にとって二冊目の論集・随筆集で昭和二九年（一九五四）九月に岡書院から刊行された。『祭魚洞雑録』の刊行以後、約二〇年間に発表した論文、随筆等を収録し、B6判で六五四頁に及ぶ。

渋沢が邸内にアチック・ミューゼアムのほか祭魚洞文庫を新築し、そこに若い研究者を集めて日本水産史の研究を開始したのは、昭和一〇年前後のことだが、その頃から昭和二〇年代の初期にかけて渋沢自らがまとめたものである。

二部にわかれ、第一部は日本水産史研究の主として水産史研究に関する論文を、第二部は「犬歩当棒録」として随筆等を収めている。収録の論文を示すと次のとおりである。

「塩――塩俗問答集を中心として」「式内水産物需給試考」「『延喜式』内水産神饌に関する考察若干」「『延喜式』内技術史的資料若干例について」「式内魚名」「『豆州内浦漁民史料』序」「東西作りみみず談義」「テグス小史」「片野温氏著『長良川鵜飼』序文」「鯛釣用烏賊油餌の起源と伝播」「所感――昭和十六年十一月二日社会経済史学会第十一回大会にて」。

●「式内水産物需給試考」ほか

「式内水産物需給試考」は、延喜式時代の水産物、とくに淡水魚の需給状況を考察した論文で、昭和一六年から一七年に刊行された『渋沢水産史研究室報告』第一・第二輯に発表したのを収録したもの。「小序」「鯉」「鮒」「鮭」「鮎」「阿米魚」「鱒」「伊具比」「鱸」「鰲《イシブシ》」それぞれについての名実、用途、需要、供給、「式時代を中心として淡水魚採捕様式」「古典に見えたる禁漁」からなる。

我が国の魚名研究途上、平安期以前の魚名にも一応触れる必要を感じ、『延喜式』その他この時代以前の文献に魚名を探し求めたことがある。その時、『延喜式』を通覧して、その記述の中に於ける水産物の豊富と多様性に一驚を喫するとともに、いたく興味を覚えたのであった。またこれと同時に、従来『延喜式』といえば神名帳と祝詞《のりと》の代名詞の如き感を持っていた物知らずの自分は、今度通覧するに及んで、それ以外の記録、殊に民具の種類・用途、ならびにその製法、食料として各種の農作物、耕作法、施肥、繊維製品及び染色の状況、医薬、鉄器文化の程度、人口、運輸、交易、法制上に表われた当時の社会心理等凡百の事項にわたり、かかる古い時代に、よくもこれだけ精緻に記録されたものとして真に敬服したのであった。

『延喜式』内水産神饌に関する考察若干」は、『小野武夫還暦記念論文集』に載せるため昭和一八年（一九四三）頃に執筆したもので、延喜式内の水産神饌を陸産神饌と比較研究してその重要性を指摘し、さらにそのうちのアワビ・カツオ・サケ・コイ等を取り上げ、産地・漁法・加工等について考察している。

人々が神に仕え奉ることを祭祀《まつり》という。人々の生活をそのままに移して、神なお現身としてそこに在《いま》すがごとく手厚く衣食住を備え設けてこれに奉仕するは我が国祭祀の根本精神であり、我が国民至情の発露である。しかして、このうち神饌を特に取り出して見る時、これは決して特殊の取扱ではなく人々の日常の食物を敬虔な心を以てそのまま神に供進することであって、式についていうならば、千年前またはより前代の飲食物をそのまま示しているといえる。

「『延喜式』内技術史的資料若干例について」は、延喜式の中から染色・皮革・筆墨・灯油・銀器・漆器・鏡・帯・太刀・輿・牛車・偶人・瓦・屏風・戎具・蘇・酒などに関する技術史的資料を抜き出し整理したもの。「式内魚名」は、延喜式の主計式に出てくる魚名について整理し、その結果を昭和一五年五月の『季刊アチック』第一号に載せたものである。

●「『豆州内浦漁民史料』序」

「『豆州内浦漁民史料』序――本書成立の由来」は昭和一二年（一九三七）から一四年にかけて刊行された『豆州内浦漁民史料』の序文で、史料を発見した経緯のほか、旧津元・大川四郎左衛門からの聞き書きは読みごたえがある。

お正月の七日には網子どもは津元の家に集って飲み喰いをしましたが、この時、津元は「首つり粥」という粥を出しました。これを喰べると、その一ヶ年は、その津元に忠誠を誓うことになるのでした。また津元の云うことを聞かなかったり、悪いことをしたりすると、津元はその網子が船に乗ることを禁じました。これは網子にとって一番恐ろしいことで、この制裁は非常に効果があったようです。

（略）大部分の魚が陸揚げされると、舟の中は魚の血で赤くなった潮水の中に魚が隠れてしまいます。それを津元は足で探がして、足に魚が当ると、まだあるじゃないか、とヘラトリを督励します。この時津元は決して手で探さないのが定則でした。ヘラトリは、もういいでしょう、と云って津元が許すと、先に述べた艫《とも》にぎっしり詰っていた魚を引出します。これを「艫の魚」といって、網子の特別賞与みたいなものにしました。私の若い頃には先に述べた盗み魚も随分あって、翌朝山際の竹藪の中から大きな鮪が何本となく現われたことさえ何回もありました。

こうした部分には渋沢敬三の聞き取りのうまさが出ているのではないだろうか。

民俗学者としての渋沢は、オーガナイザーとしての側面が強調されがちだが、農漁村における渋沢は、客観的で科学的な態度で伝統的な共同体に接するフィールドワーカーだったようである。

●「東西作りみみず談義」ほか

渋沢は戦時中、帝国学士院の依頼を受けて明治前日本漁業技術史を編纂し、その中の釣漁技術史を自ら執筆したが、「東西作りみみず談義」「テグス小史」「鯛釣用烏賊油餌の起源と伝播」の三編はこの研究過程でできあがったものである。

「東西作りみみず談義」は、魚の餌料としてのみみずの重要性を問題にし、古来の和書および洋書に現われたみみずに関する記述を紹介したもの。「テグス小史」は日本におけるテグス（天蚕《ヤママユ》の繭からとれる天然の糸）使用の歴史をたどる。「鯛釣用烏賊油餌の起源と伝播」は文字どおり、タイ釣用のイカ油餌の始まりとその広がりについて考察したものである。

「片野温氏著『長良川鵜飼』序文」は、郷土史家片野温の求めに応じてその著『長良川鵜飼』のために書いた序文で、わが国や中国の鵜飼発達について記したもの。

文集の最後に収録された「所感――昭和十六年十一月二日社会経済史学会第十一回大会にて」は、昭和一六年（一九四一）一一月二日の社会経済史学会第一一回大会における講演の内容で、アチック・ミューゼアムで取り組んでいる仕事や研究、さらに延喜式に現われた水産物などについて語ったものである。

●「塩――塩俗問答集を中心として」

「塩――塩俗問答集を中心として」は『柳田国男古稀記念論文集』のために昭和一八年（一九四三）末に執筆したもので、『塩俗問答集』（昭和一四年刊）を主な資料に、日本の塩を民俗学的歴史的に考察している。

昭和七年初春、アチック・ミューゼアムにおいて塩についての質問票を作製し、広く各地の諸賢にこれを送り教示を仰いだ。本書はこの質問票にもとづいて回答せられた報告を整理・編纂したものである。その質問要項は、(1)塩の貯蔵方法と容器・名称、(2)塩の取扱についての慣習など二一項目で、回答者は朝鮮をふくめて一五六人に及んでいる。しかし、村上清文の回顧によると、昭和六年から村上、早川孝太郎、高橋文太郎らとともに、アチックの民具「蒐集物目安」の作成がなされており、時期的には大体それと併行して検討されていた。この論考は「第一　生理から見た塩」「第二　生産面から見た塩」「第三　消費から見た塩」「第四　配給面から見た塩」「第五　民俗事象から見た塩」「第六　塩の異名」からなる。

……塩自体としては自らエネルギーを発散する力もなく、一塊の白砂状の無機物質たるに過ぎないのである。しかし人は塩なくして生存し得ない。消極的ではあるが、保全素としての機能は人または動物にとって絶対である。人は塩の補給可能の前提にのみ生存している。何処の山野であろうと塩の補給されざる限り人は棲息し得ない。この意味に於て塩は人の生理を左右し、ひいて各汎の社会経済の動向を左右する力を持っているのである。また広く我が国の民俗事象を見る時、民間信仰の対象となっているのはエネルギーそのものか或いはかかる力を持つと思われるものに多いようである。塩は直接の対象とならない。我が国沿岸に二百六十有余も数え得る塩釜神社の祭神塩 堆 神《しおつちのかみ》は製塩を教えた神として祭っているのみであることも如上の塩の本質に鑑み興味深いことである。

（略）広く行われる水垢離《みずごり》や、みそぎ、がその原始的な時代から単純に清水によってのみなされたものであったかどうか。或いはこれらの行事もその初めは海に入り海水を浴びることが本来であったものが、人々の奥地定住による海岸との断絶により清水に代替変化したとも見られるのではあるまいか。しかし淡水と海水との差は、けだし塩の存在にある。従って海水による浄めには、一面大なる海への思想が根底にあると同時に、他面塩の持つ各種の属性に対しての会得が含まれているのであろう。

渋沢の「塩」をめぐる考察ついても網野善彦の知見は含蓄に富む。

網野　たとえば塩の民俗にふれた『塩俗問答集』序を読んでみるとよくわかるけれど、心の世界にものすごく深く立ち入っていますよ。たとえば「塩は神様には祀られない。魚は神様に祀るけど、塩は神様にならない。なぜか」ということを言っている。こんな問題はまだ誰にも解決できていないでしょう。そういうことを言えるだけの力を持っているけれども、それを体系的に発言して誰かに納得させる、学界に承認させようという意欲はもともとないし、それは自分の分ではないと言いつづけているわけです。(網野・宮田同前)

網野はこのように歴史学者の立場から、渋沢の傍流性を証明しているのだ。

一方で「塩」への着目は、宮本常一の「塩の道」や、網野の塩業へにたいする関心に引きつがれ、

「塩」の研究は決して傍流ではあってはならないと強調されたのだった。

●さまざまな先駆者

『祭魚洞襍考』の第二部「犬歩当棒録」についてみていこう。この部には民俗学者をはじめ、渋沢敬三にとっての先駆者が紹介されている。

『南方熊楠全集』上梓のいきさつ」は、昭和二六年（一九五一）四月『南方熊楠全集』の序文として、同書上梓のいきさつを南方の人物・業績、エピソードなどを織りまぜながら記したもの。

「石黒さん」「山際正道君」は、石黒忠篤、山際正道を取り上げている。ことに後者は山際の「追放解除願証言」として書かれたものである。「渋沢元治氏著『弟渋沢治太郎君を語る』序」は、栄一の代理人として、また兄元治博士の身代わりとして郷里血洗島の家を守り通した渋沢治太郎について語っている。

「二谷国松翁よりの来信」は、昭和二五年東京保谷の民具博物館構内にアイヌ家屋を構築するため北海道日高から二谷国松らを招聘した際、同氏が病気となり敬三が世話したことがあったが、その二谷翁が帰国後御礼の手紙をよこした。しかし、アイヌには文字がない。片仮名で自ら書いたアイヌ文は稀らしいと思いこれを掲げたという。「『国歌大観』を作った人々」は、『国歌大観』と題するわが国和歌索引書作成の苦心を、それに従事した鈴木行三の談話を基に記したもの。「徳川夢声氏との対談問答有用」は、昭和二八年八月、『週間［週刊］朝日』企画の「問答有用」に徳川夢声と対談した際の記録である。

「仰臥四十年の所産」は、血友病で全くの病臥状態にある民俗学者内田武志が令妹の献身的な援助のもとに、彙報六三『日本星座方言資料』彙報六『静岡県方言誌』をつくり、さらに『菅江真澄未刊文献集』の完成に努力しつつある有様と、同氏と盲目の少女との心のふれあいとを記している。

「癌と俳句」は、山極勝三郎博士の『曲川句集』を通じて博士が病苦や不幸と闘いながら人工癌の研究に生涯を捧げた有様をえがいたものである。

●「絵引は作れぬものか」

「絵引は作れぬものか」は、民俗的事象が割合多く画かれている絵巻物からその所在を容易に知ることのできるような「絵引」をつくることの必要性を説いた文章で、その発想は渋沢の没後、昭和四〇年（一九六五）一月刊行の『日本常民生活絵引』全五巻で実現された。

柴垣や生垣の数々、屋台店の外観や内部、室内の様子、いろりの切りよう、群衆のうなじの髪の伸びよう、子供の所作のいくつか、蹲《うずくま》り方、洗足《はだし》と履物、貫頭衣、飼猫が異る絵巻に二つ描かれているが何れも現代の犬のように頸に紐があってどこかに繋がれている様子、蒸し風呂の有様、お産の状況、捨て木（紙の貴重な時代排便後に用いるもの、今でも辺鄙な所で見かける）が京都の大路でも用いられている有様、足で洗濯するやり方（奥州八戸在銀の湧水泉では娘さん達が集って足で洗濯物をふんでいる）、会食時の光景または売店には明らかに茄子やかぼちゃが描れてあり魚類も多少は何だか見当のつくものもある。たすきや前かけのない時代の労働時に於ける着物の始末、破れかけた壁にはこまいが顔を出し、液体容器の各種も曲げものが多いこと、かんな以前で刀子で板を削っている様子、頭上運搬の種々相、米俵の恰好、へっついの型、畳の始源的形態、屋根の諸形式、鍬、すき、なた、のこぎり、ちょうなの様子、看病の様式、手紙とその伝達、川漁に於けるやな装置の有様等々限りない各項目が、主題目の筆とは別に眼に入ってくる。

そして第一章でもふれたように、画家でかつ民俗学者の橋浦泰雄の手による絵巻物の複写と資料化が進んでいった。しかし、戦争によりその原稿は焼失してしまい、戦後になって宮本常一を中心に作業が再開されることになる。

●「アチックマンスリーから」ほか

「アチックマンスリーから」は、アチックの所内報として昭和一〇年（一九三五）七月から発刊されたアチックマンスリーの中から敬三が執筆した「アチック根元記」「五回目の朝鮮」「随想二つ三つ」「探鉱」「民具と装飾」「船乗りと漁師の名前」「うろ覚えの民俗」の七篇を再録したもの。

「青淵論語文庫目録跋文」は、昭和一八年一一月一一日、栄一の第一三回忌に当ってつくられた

『青淵論語文庫目録』に敬三が書いた跋文で、この論語文庫の目的と経緯が記されている。

「日本銀行「本日休業」」は、終戦から間もない昭和二〇年九月三〇日夜、敬三が総裁だった日本銀行が突然総司令部の査察をうけ、翌四日休業のやむなきにいたった模様を具体的にいきいきと記した体験談。「受けうりばなし二、三」は、「借金を返した話」「民主主義と再軍備」「失敗史は書けぬものか」「アメリカのイワシ漁業」からなる。このうち「失敗史は書けぬものか」は渋沢の考え方の一端がよく表れている。「真の「電話時代」を早く」では、電話で用の足りることは上下の別なくすべからく電話を使うべしと説き、「発色光源雑感」ではパリと東京のネオンの違いや、当時はまだ珍しかった蛍光灯への着目がおもしろい。

●「チヴィタヴェッキアとフランクフルトから」ほか

「チヴィタヴェッキアとフランクフルトから」は、「チヴィタヴェッキア」と「フランクフルトで」の二篇からなり、そのうち前者は渋沢が戦後イタリアのチヴィタヴェッキアという漁村を訪れた際、そこの僧院で長谷川路可画伯によって日本二十六殉教者の壁画が製作されているのを見て、その模様を記した文である。

「考えている村」では、渋沢が昭和二一年秋、丹波氷上郡鴨庄村を訪ねたが、この村が大きな貯水池をつくり、水田のほか畑や山林を開き、鯉を蓄養し、乳牛を飼い、瓦製造や木工などをも行なう「考えている村」であることが描かれている。

「倉場氏魚譜が再び長崎市に戻る経緯」は、英人グラバーの息で帰化した長崎在住の倉場富三郎によって永年にわたり写された精緻な魚譜が、戦時中同氏の遺言で渋沢に譲られ、それが戦後長崎市に戻るまでの心温まる経緯を記したもの。「水流任急境常静」は、吉川英治の『新平家物語』第八巻（昭和二七年一〇月刊）のはさみこみ紙に記した感想文。それにたいする吉川の御礼文も載せられている。「忘れられた要素」は、昭和二七年（一九五二）アメリカミシガン湖の北端にあるマキーアイランドで開催されたMRA大会に出席した際の感想をしたためているが、表題はMRAが世界で上演している劇の名である。

3 滋味に富む〝雑文集〟――『犬歩当棒録――祭魚洞雑録第三』

●「犬も歩けば棒に当る」

昭和三六年（一九六一）九月に角川書店から刊行された『犬歩当棒録――祭魚洞雑録第三』は、副題が示すように、昭和八年刊行の『祭魚洞雑録』、戦後になって昭和二九年に出された『祭魚洞雑考』に続く〝雑文集〟である。渋沢はまえがきで次のように書く。

読みにくいお家流で書いた百人一首の下の句の札を「おちらし」で二、三枚も取れる頃おいまでは「いろはがるた」の世界でありました。「犬も歩けば棒に当る」とは、歩いているうち予期せぬことにぶつかることをも意味するのならば、犬すなわち筆者が五十数年の間その時々、その所々、フラフラと、かつ、ウカウカと歩きまわっているうちにぶつかった棒の塵が積ったのが本書で「犬歩当棒録」と名づけた所以であります。（渋沢敬三『犬歩当棒録』「まえがき」）

さらに渋沢は、「常日頃御懇情をこうむった各位、また今般の病気について御心配と御好意をいただいた各位に何かお返しのよすがにと思ったことが本書作成の動機であります」と綴っている。第一部「犬歩当棒録」、第二部「雁信集」、第三部「旅譜と片影」から構成され、第二部は海外から中山正則に宛てた書簡、第三部は、渋沢の還暦記念に編まれた写真集『柏葉拾遺』の巻末に付された渋沢の旅譜に写真を加えたものである。五八九頁の大部で、第三部だけではなく第一部、第二部にも写真が多数挿入されているため、比較的大判のA5判の体裁が選ばれたのだろう。

第一部「犬歩当棒録」は六二編からなり、昭和八年の「『山と民俗』序」から昭和三六年の「『くす風土記』」まで三〇年近くのあいだに発表された文章を収録。渋沢敬三自身の編著、アチックに関わる研究者が出版した論文集や編纂した資料集等の序文（跋・まえがき）やあとがき、関わりがある会社の社史、追悼文、書簡、座談録音・座談話集、など短い文章が収められている。また『祭魚洞雑考』から再録したものがかなりある。

「いわゆる足半について」や「日本広告史小考」の二篇はかなりまとまった論考である。

4　渋沢版『雪国の春』――『東北犬歩当棒録』

●渋沢敬三と東北

『東北犬歩当棒録』は昭和三〇年（一九五五）五月に産業経済新聞社から出版された。

山口和雄によると、昭和二九年渋沢は旧制二高の出身である縁で、頼まれて仙台の『河北新報』に一ヵ月にわたって東北地方に関連する随筆を連載した。それらの随筆に若干の写真をつけ加えてできたのが本書である。

「東北の金と米」「津軽の砂丘」「公私用日記」「地蔵様と亡児への愛惜」「羽後飛島」「佐々木喜善」「野田ベコ」「カルデラ十和田湖」「ヤチワタ」「オシラサマ」「最上の紅花」「菅江真澄」「木地屋」「伊能嘉矩《いのうかのり》」「キリシタンの痕跡」「帆影七里」「松森胤保《たねやす》」「東北の塩」「笹森儀助」「草肥」「石神村」「〝瞑想の松〟そのほか」からなる。

まさに渋沢敬三版『雪国の春』というべき紀行文集で、通りすがりの風景から、産業、歴史、文化の際《きわ》に視線が及んでいく才能は見直されるべきである。

●民俗学の先駆者と民俗学者ほか

近世・近代の日本列島とその周辺を歩き、研究した人びとに光をあてた数編が目を惹く。

「菅江真澄」は、三河出身の旅行家・本草学者を取りあげる。真澄は秋田領内で没するまで、北日本の村々を旅した。「真澄遊覧記」は東北の文化や庶民の生活について克明に記し、細かで美しい写生図を載せたものである。

「松森胤保」は文政八年（一八二五）生まれの博物学者を紹介する。松森は明治二五年に亡くなるまで、地方行政にたずさわるかたわら、自然科学者として『大泉諸鳥写真図譜』『両羽博物図譜』「南郊開物経歴」などを残した。

「笹森儀助」は近代の探検家について。笹森は弘化二年（一八四五）弘前に生まれ、明治の半ばに一〇年代から三〇年代にかけて、北海道、千島、シベリアから西南日本、南島、沖縄まで旅し、『千島探検』『南島探検』などを書いた。

「伊能嘉矩」は岩手県遠野生まれの文化人類学者の略伝。坪井正五郎に文化人類学を学んだ嘉矩は、台湾各地の実地調査を行ない、帰省後は膨大な調査資料を整理し、全三巻三〇〇〇頁『台湾文化志』の完成を前に五九歳で急逝した。

●東北の民間信仰

渋沢はオーソドックスな民俗への関心から、技術や産業にも注意していく。

オシラサマが民間信仰研究の重要な対象であるばかりでなく、近世農村における繊維製品史、染色史にも貴重な資料であることを明らかにする。

心棒は中には竹もあるが、大部分は桑の木である。心棒が桑の木で、一番古く、それにじかに巻きつけてあるのが真綿となると、何としても養蚕の匂いがしてくる。また蚕のことをオシラサマと呼ぶ土地は関東から信州辺まで及んでいるゆえ、この神がカイコの神として祭られた一時期があった、と考えるのも無理からぬが、同時にもともと蚕の神であったとのみは断じられない。磐城のシンメイサマは同じ形態ながら、まんのう長者の物語もなければ、桑の木もなく、蚕と縁遠いようである。

津軽平野の村々を歩いて目にとまる地蔵堂。「地蔵様と亡児への愛惜」はこうした小堂の願主の祈願と、通りすがりの人びとによる供養を目にとめる。

「木地屋」は、独自の技能と文化を継承して来た木地師の現在、温泉近くで彼らがつくるコケシを、オシラサマ民芸化ではないかと考察している。

●風土と産業

東北地方の風土と、そこで育まれてきた産業に着目した数編も渋沢らしい。

「津軽の砂丘」は、北前船時代には米と木材を京阪地方に積みだす港として栄えた津軽半島十三湊周辺の紀行。「最上の紅花」は古い時代の日本列島の染色材料として有名だった羽前最上地方の紅花への随想。紅花の調査研究は秋田生まれの今田信一《こんたしんいち》によって行なわれその史料は昭和一六年（一九四一）に日本常民文化研究所から刊行された。

「東北の金と米」は、東北が古くから重要な金と米の産地だったことに目を向ける。また、この地方が主要な米作地だったことも、人々を定住せしめた重要な理由だった。「東北の塩」は瀬戸内海の塩が安く大量に入ってくるまで、各沿岸で「直煮式」という小規模な製塩が行なわれていた時代の話。こうしてできた塩は、北上川などの舟運か、野田べこなど牛背によって奥地末端まで運ばれた。「野田ベコ」は、岩手県北上山中で飼育されたこの野田ベコについて。陸中海岸で製造された塩も、野田ベコの背につけられて奥羽山脈を超えて出羽あたりまで運ばれた。この牛は塩のほか、南部の砂鉄からつくった「モチ鉄」と呼ばれるモチ型のインゴット（地金）を越後から信濃方面まで運んだが、この場合は鉄ばかりでなく牛も一緒に売ることが多かったという。

「石神村」は、昭和八年（一九三三）に訪れた秋田の村をめぐる話題。石神村で渋沢一行は、間口二一間、奥行九間に及ぶ斉藤善助家を見出す。同家は一族のほか、名子が三組もいる大家族で、これ以降、土屋喬雄、有賀喜左衛門、早川孝太郎、今和次郎らの学者が出かけて社会経済史、民俗学、民家建築学など各方面から研究することになった。

5　外交と科学――『南米通信』

●私信をまとめる形で

『南米通信――アマゾン・アンデス・テラローシャ』は昭和三三年（一九五八）七月に角川書店から刊行された。

河岡武春によると、この本は穂積陳重の発案で、移動中三、四日に一度の割合で中山正則に書信の形で報告し、知友にも回覧してもらうという方式でまとまったものである。第一信から第一六信までと付録によって構成されている。こうした方式は、『祭魚洞雑録』に収められた「伊太利旅行記」などの先例があった。

渋沢は中南米の移動大使になったいきさつを「まえがき」で次のように述べている。

東京商工会議所会頭として国際電信電話の取締役だった藤山〔愛一郎〕さんが、昨年〔昭和三二年〕七月外務大臣就任とともにその辞任のあいさつかたがた会社に来られた時、「君ちょっと」とわきに呼ばれ、今度、移動大使としてさしずめ小林中さんに東南亜、君に中南米に出かけてもらいたいのだが、僕の初人事ゆえまげて承知するようにたって頼むとのお話であった。寝耳に水の感はあったが、前々から藤山さんから頼まれたことの大部分はいろいろの事情でほとんどお断りばかりしていたし、こちらの頼みはみんな聞いていただいていて大部借りがある気もしていたところなので、自分が果たして適任かどうかは別にして、ついお引受けをしてしまった。外務省ではアメリカ局第三課の小村康一事務官がラテン・アメリカ担当の一人であり、かつてサンパウロにも駐在されたところから一緒に行っていただくことになった。約一月文字通りの泥縄勉強らしきものをして八月十日の夜羽田を立つことになった。

こうした仕事の合間に見聞した旅行記だが、南米の生物に関する記述も多く、渋沢の科学的志向がよく表われている。

渋沢が残した文章は通史的、網羅的研究を除くと、エッセイやコラムと言うべきものや紀行文が目立つ。しかし、たとえば柳田国男や宮本常一と比べても、文章の巧さ、描写力の豊かさの点で遜色がないのではないか。また、常識にたいする距離を置き方と、その根底にある批評意識が文章に魅力を与えている。さらに何よりも柳田、宮本にはない科学者としての眼、理系の視線・発想が、民俗学者のなかでは際立っており、多くの人にまだ気づかれていないことを大いに惜しむのだ。

第三章　〈非主流〉の証明

1 「フィランソロピスト」として

●「ハーモニアスデヴェロープメント」

渋沢敬三の考えは「ハーモニアスデヴェロープメント」、人間関係の和という言葉によく示されている。1+1=2ではなく3以上になるような共同研究の在り方を説いた。

人格的に平等にして而も職業に専攻に性格に相異つた人々の力の総和が数学的以上の価値を示す喜びを皆で共に味いたい。ティームワークのハーモニアスデヴェロープメントだ。自分の待望は実にこれであった。(「アチック根元記」)

渋沢敬三は近代日本における代表的な「フィランソロピスト」として語られることも少なくない。「フィランソロピー」は一般的に企業による社会貢献活動の総称で、アメリカでは個人や企業による社会貢献活動や、寄付行為にたいする呼称として定着している。一方、日本ではフィランソロピーは「博愛主義」や「慈善」と訳され、フィランソロピストはそれを実践する人のことである。渋沢の社会公益活動としては、祖父栄一から受け継いだ癌研や東京慈恵会などいくつかの組織の理事職や、沖縄戦災校舎復興期成後援会会長としての活動などがある。しかし、「学問」への援助がその最大のもので、意義深い実践を続けた。

総合調査のアイデアがまだなかった時期に、渋沢は総合調査を企画、九学会連合を組織して対馬調査に臨むなど共同研究を推進した。

アイヌ文化研究の基礎資料を生みだした知里幸恵・真志保の師弟や金田一京助らへの支援、「ミナカタ・ソサイアティ」をつくって南方熊楠の全集の刊行を始めたこと、また向坂逸郎や橋浦泰雄、教育者芦田恵之助らにたいするさまざまな形での援助もあった。「学術的探検」の例を挙げると、猿学への援助もある。猿学の指導者であった今西錦司が調査研究・探検の援助を渋沢に頼みこんだとき、「わしはサル年だから、断れんナァ」といって笑い、いろいろな便宜をはかってくれたという。

●日本最大の収集家

渋沢のフィランソロピストとしての側面はアチック・ミューゼアム関係にとどまらない。昭和期から集めはじめた民具は昭和三八年（一九六三）頃には三万点を超えており、初期の段階では藁細工、とくに藁でつくられた履物が多かった。さらに蓑・笠のようなものも全国各地から集められた。そしてそれらを通して日本の有形文化に藁の占める重要性を明らかにした。

また人力による運搬の多かった日本で、とくに背負うことが多かったことから背負梯子、背負袋が多く集められた。水産関係では筌が多く集められた。これは筌の研究を共同課題としてアチックで取り上げていたからである。つまり研究課題にそって集められたものが多い。したがって風俗を物語るような錦絵なども丹念に集められたのである。

また周辺民族の民具も収集した。その中には千島アイヌ、ミクロネシア、台湾原住民、紅頭嶼（蘭嶼）ヤミ族、ジャワ、ビルマ（現・ミャンマー）などのものもあり、特に紅頭嶼は鹿野忠雄の収集したもので、日本と周囲民族の文化を比較する上できわめて重要なものである。これらの民具は後に文部省に寄贈され、現在大阪の民族学博物館に収められた。

渋沢はまた実業史博物館の建設を考えた。江戸時代にあって商工業者はどのような活動をしたかを物によって示そうと資料を集めた。武家政治による封建社会は長い間停滞的であった。その停滞を破って徐々に物質文化を向上させていったのは商工業者の力が大きかったからである。明治以降については博覧会、展覧会、共進会、品評会の資料もできるかぎり集めた。それらの資料は日本の諸生産や生活がどのように向上していったかを明らかにするものである。

渋沢は各地の図書館を訪れ、絵画的な民衆生活資料や動植物図譜などがあると敷き写させ、原本にかわらぬものをつくって保存した。これらは文部省と水産庁の資料館に収められている。さらにアチックで集められた水産関係資料は水産庁水産資料館に寄贈された。またアチックの研究員たちが研究のために集めた三万冊余にのぼる書物は現在流通経済大学の図書館に所蔵されている。その図書は民俗学、民族学関係のものが大半であるが、それだけでなく産業史関係の図書が丹念に集められているのが特色だった。

渋沢は祖父栄一が処世の経典とした『論語』に関する文献も目につくかぎり集めた。その数は約六〇〇〇点にのぼったという。そしてそれは東京都立日比谷図書館に寄贈された。

宮本常一は渋沢からこんな話を聞いたことがあるという。

外国の図書館や博物館は志あるものが蒐集したものを保存するために作ったものが多い。それを個人で維持できなくなって政府や公共団体に寄付し、そういうものがいくつも集まって次第に大きくなっている。日本では大きな博物館も図書館も政府や地方公共団体が作る。日本には民衆の力のもりあがりによって大きくなっていったものはきわめて少ないが、国力の本当の伸長はそういうところにあらわれて来るものだと思う。(宮本常一『渋沢敬三』)

また晩年には「アチックは小さい研究所だったけれど学位をとった者が十一人いる。そのほかにもいろいろの人が育っていった。それでこの研究所の存在の意義もあったといってよいかと思う」ともらしていたという。

渋沢の文化的活動のすべてはそういう機運をつくり上げていくことにあった。しかし自ら先頭に立って指導したのではなく、いつも一歩退いて、機運をつくることに努力した。しかも自ら誇ることが少なかった。「自らのした善意の行為について多くを語らぬ人であった。だからこれを受けた方が語ればともかくとして語らねばそのまま消えていく」と宮本は忠告している。

2 規格外の思想家

安室知は「渋沢敬三と魚名研究」で、民俗学における渋沢敬三の評価と研究者としての評価を以下のようにまとめている。

1 一般的理解
・近代学問としての確立期（昭和戦前期）において、柳田国男が主導した語彙中心の民俗学にモノ（物質文化）の視点を導入。
・すぐれた民俗学者（例、宮本常一）のパトロン。
・すぐれた技術伝承者への援助。
・一次資料の発掘と記録保存の推進者。
・研究におけるチームワークの重視。
・研究におけるハーモニアス・デベロップメントの推進。
・学際的研究（例、九学会連合）のオルガナイザー。

2 研究者としての評価

・民具や漁業史料の学術的価値に注目するなどすぐれた先見性はあるものの、研究者としての評価は第一次資料の発掘者に限定される。
・渋沢の研究はあくまで柳田民俗学（主流）を補完するもの（または傍流）という位置づけしかなされない。
・渋沢による魚名研究の成果は辞書的な利用がなされるだけで、その研究内容がきちんと民俗学・歴史学分野では継承されていない。

安室がまとめたこれまでの渋沢敬三にたいする評価はきわめて妥当なものである。なかでも、渋沢の仕事が現在、継承されていないという指摘もそのとおりだろう。しかし、「柳田民俗学（主流）を補完するもの（または傍流）という位置づけ」は、その傍流性を柳田民俗学との比較にとどめることなく、渋沢の意識的な姿勢としてあえて高く評価すべきだろうし、何よりも渋沢敬三の「思想」というべきものを掘り起していくことが、いま最も求められているのではないか。民俗学者にして実業家という綱渡りを引き受けることができたのは、渋沢には規格外の思想があったからであり、言い換えるとその綱割り自体が規格を外れた営為であったことを、高く評価すべきではないかと思う。

ただし渋沢の仕事から思想を剔出する試みは、これまでに全くなかったものではない。

●生態学の思想

渋沢敬三の活動は「研究援助」という側面に特徴があり、一種の文化運動としての色彩の強いものだった。ではその活動は、どのような思想・精神を前提としていたのだろうか。社会学者の佐藤健二は四つの「思想」からなるとし、その第一に《生態学の思想》というべき特質を挙げる（「渋沢敬三とアチック・ミューゼアム」）。「ぼくはどうしても生物学的なんです。物の扱いかたが、何をやっても、生物学的な人生観です。だから、経済のことを扱ってもどうしても、そう見えてしょうがない。銀行でも生物的に考える。つい生物学的な観察をとる」。これは渋沢が幼少期から育んだ志向や思考を、民俗学の発想、方法においても手放さなかったということである。

●資料集の思想

佐藤が第二に挙げるのは《資料集の思想》である。渋沢の手がけた研究・出版事業を見ると、「資料集」という形で研究の基礎となるべき記録の整理・収集・蓄積という点が、重要な判断基準になっているという。渋沢は『豆州内浦漁民史料』の序文で、「論文を書くのではない、資料を学界に提供するのである。山から鉱石を掘り出し、これを選鉱して品位を高め、焼いて鍰《からみ》を取り去って粗銅とするのが本書の目的である」と述べていた。佐藤は、渋沢にとって資料集づくりとは、歴史を生物のように記録することであったと同時に、資料集の出版とは、学問を志す他者にとってのフィールド・ワークの場所づくりではなかったかというのだ。

渋沢は日本の実業経済の発展に関する二つの膨大な資料集『渋沢栄一伝記資料』と『日本金融史資料』を資金援助も含めプロデュースしている。昭和一一年（一九三六）から、渋沢栄一に関連する資料の編纂事業を、土屋喬雄を主任に委嘱することにより開始した。祖父栄一の伝記をこれまで、親戚が中心になったり、歴史家に頼んだりして編纂してきたのは間違った方法で、第三者が興味を感じて書くのが正しい。伝記を書かれるに値する人物の子弟・親族の任務は、資料の散逸を防ぎ、整理して書く人に提供することだという考えかたにもとづくものだった。

『日本金融資料』は、昭和一七年に、第一銀行が創立七〇周年を記念して「明治・大正時代の金融史資料の蒐集・編纂」を目的とした資金二五万円を、東京大学経済学部に寄付したことに始まる。敗戦後のインフレで、事業が完成しないうちに基金が費えてしまったため、明石照男（第一銀行頭取）と渋沢の斡旋で、さらに日本銀行よりの寄付を得て昭和二九年に事業を終了、翌年から大規模な資料集として刊行が始まっている。日本における金融の発達をたどる文書資料のほか、金融史談という、個人生活史の口述資料がかなり取り入れられ、銀行業の社会史ともいうべき巨大な資料叢書となった。

●研究会の思想

第三は後述することにして、佐藤が第四に挙げるは《研究会の思想》である。

宮本常一は渋沢の援助のスタイルを回想して、「小手先でなくて、一つのことをつっこんでいく場合に、いつも話の聴手としてその調査あるいは、研究上の穴があり欠点がありますと、これを指示しながら更にその追求をさせていくようにされる」（宮本常一「アチック・ミューゼアムの歩み」）ところに特徴があったという。

総合調査のアイデアなどほとんどなかった時期に渋沢は総合調査を企画していた。たとえば社会学者有賀喜左衛門の『大家族制度と名子制度』は、社会―有賀、経済史―土屋喬雄、民家―今和次郎、民族―早川孝太郎という専門家集団による共同調査研究としてオーガナイズされた成果の一部だった。また足半を研究するにあたっては、「同一課題を多数者で手分けをして研究してみたいとの願望を以前から持っていたゆえ、今回はこの方法を用いてみた」（渋沢敬三「いわゆる足半について」と書き、足半草履の概念を渋沢が担当し、標本資料の計測などを小川徹、制作工程を磯貝勇、文献資料の収集などを宮本馨太郎、用途および民俗を高橋文太郎などに分け、研究会活動として作業をすすめた。

このような思想と方法とは、戦後九学会連合へ発展してゆく。敗戦後まもない頃、人類学会と日本民族学協会との連合大会の復活がもちあがったとき、「いまさら二つの学会の連合だけではどうにもならない。もっと広く大きい学会連合をつくってはどうか」と語り、社会学会などに相談をもちかけ、昭和二二年（一九四七）、まず六つの学会で第一回の連合大会を開催した。共同課題を設定しての共同研究を、学会というレベルで組織し、異質な学者たちによる総合調査プロジェクトのプロデューサーとして活躍している。

●博物館の思想

思想家渋沢敬三にとって最も重要なのは、佐藤が三番目に挙げている《博物館の思想》だろう。渋沢自身が主宰した学問的拠点が、「ミューゼアム」という言葉を使っているように、収集・保存と展示・公開を結ぶ研究拠点としての博物館は、また彼の社会公益活動の主要なテーマだった。

渋沢が構想しその実現を援助した「博物館」を挙げてみよう。

昭和一一年（一九三六）年頃から、すでに収めきれなくなった民具を中心に、新博物館建設の構想が浮かぶ。高橋文太郎の協力のもとに、土地と館屋と収蔵民具を日本民族学会に寄附する形で、同学会附属民族学研究所・民族博物館として昭和一四年に開館した。現在その収集品は、国立民族学博物館に収納・展示されている。

昭和一〇年、渋沢は歴史学者の白鳥庫吉らと日本民族学会を設立し、国立民族博物館構想を政府に陳情するも戦局の悪化から実現できず、昭和一二年、高橋文太郎とともに建設した日本民族学会附属研究所・附属民族学博物館に、アチック・ミューゼアムに収蔵されていた二万点を超える民具標本類を移転させ、日本民族学会にそれらを寄贈した。しかし、運営・維持することは難しく、また、自らの死期を悟った渋沢は、昭和三七年、その資料を文部省史料館へと寄贈し、将来に国立民族学博物館が設立されたときには、これらの資料を移管することを言いおいた。

半世紀以上の紆余曲折を経て、ようやく民博に安住のすみかを得たこれらの資料は、昭和五二年に公開された民博東アジア展示の「日本の文化」の過半数を占めたという。実業史博物館資料もアチック資料も、そのコレクション保存・公開施設の設立に向けた模索が続けられたが、最終的には渋沢敬三自身が設立に尽力した文部省史料館と国立民族学博物館の収蔵と帰し、人間文化研究機構にまとまることになったのである。

●多様な博物館構想

「民族学博物館」は戦前にも構想されている。

渋沢は白鳥庫吉や石黒忠篤とともに、政府内部で企画されていた「皇紀二千六百年記念事業」に最もふさわしいものとして、国民民族学博物館の建設推進運動を起こした。結局、国史学者を中心として「国史館」建設案に吸収せられ、そもそも記念事業としては実現を見ずに終わっている。それ以前の昭和七年（一九三二）、渋沢は祖父栄一の業績を記念する事業として「日本実業史博物館」の設立を提唱、構想しているがそれについてはあとで述べる。

文部省史料館の設置自体も、渋沢が提唱したものだった。敗戦後の窮乏・混乱のなかで、各地旧家の地方文書の散逸や、財閥の経済関係史料の散逸が見られるようになった。渋沢はこれに対して、史料館の設置を提唱し、「日本産業の変遷発達を示す一万点あまりの貴重な」諸資料を寄付するとともに、接収されんとしていた三井文庫を買収して、史料館とするための支援をした。

この他にも、昭和一九年には日銀総裁として、故田中啓文が集めた銭幣館コレクション（日本および東洋諸国の古貨幣のコレクション）を買い取り、貨幣標本室の基礎を築き、戦後の漁業制度改革に伴う水産漁業関係資料の収集・調査を基礎に、関係資料の散逸を防ぐべく水産庁と図って水産資料館を併設した。さらに、青森県十和田市の十和田科学博物館や青森県三沢市の小川原湖博物館などの地方博物館を指導したり、日本通運資料展示室などのように企業体に働きかけたりもしている。また愛知県犬山市の日本モンキーセンター、大阪府豊中市の日本民家集落博物館など渋沢が関与して実現した博物館は少なくない。

3　民間学としての「渋沢学」

経営学者の島田昌和《まさかず》は、佐藤健二は渋沢を「民間学」という括りで位置づけようと試みる新しい渋沢敬三論の提起者とし、民間学の特徴として、主題としての「生活」、担い手としての「生活者」、日常的な生活の具象世界から出発し、事実の観察を積み上げる方法としての「帰納法」、「日常語」と交流する文体の四点を提唱したとする。さらに民間学に関して柳田国男や鹿野政直と対比しながら、社会経済史的視点や実業から来る実物志向にその特徴を見出しているとする（「渋沢敬三の社会経済思想」）。

歴史学者の鹿野政直は日本の一九一〇年代から一九三〇年代初めにかけて、学問の地殻変動を引き起こした「在野の学」を、官学アカデミズムに異議申し立てを行う意味で、「民間学」と呼んで評価した。民間学は、「生活」を研究主題として浮かび上がらせて対象化し、「民衆」「地域」「日常性」の復権をもたらしたというのである。

鹿野によると「民間学」には、柳田国男の民俗学、伊波普猷の沖縄学、折口信夫の古代学、南方熊楠の生物学、柳宗悦の民芸論、金田一京助のアイヌ学、喜田貞吉の被差別部落研究、今和次郎の考現学、津田左右吉の歴史学、牧口常三郎の人生地理学、小野武夫の農村学、土田杏村《きょうそん》の哲学、権田保之助の民衆娯楽研究、高群逸枝《たかむらいつえ》の女性史学、山本宣治の性科学、小倉金之助の数学、田村栄太郎の一揆や博徒研究、森本六爾《ろくじ》の考古学などとそれに連なる人びとの動きが含まれるという。

また鈴木正崇は、渋沢敬三の常民文化研究はこの範疇に入っていないがまさしく「民間学」であり、しかも「民間学」相互を緩やかに結びつける結節点の役割を果たしていたとする（「澁澤民間学」の生成」）。

さらにいえば渋沢の学問は〝自由人の諸技術〟、あるいは人間を束縛から解放するための知識や、生きるための力を身につけるための手法という意味で、〝リベラルアーツ〟と呼べるのではないか。しかも、それが民間学として意図せずして、多元的で実践的であったことは改めて特筆すべきである。

●「常民」という概念

戦中の昭和一七年（一九四二）、アチック・ミューゼアムは敵性言語の使用禁止で日本常民文化研究所と改称し、戦後は、財団法人として再出発した。その後、昭和五七年に神奈川大学が招致しその事業を受け継ぎ、今日に至っている。

大阪の国立民族学博物館は渋沢の収集した民具を基礎に設立され、東京の国文学研究資料館のコレクションは渋沢の構想した実業史博物館のために準備した資料が大きな位置を占めている。国立法人のこれらの博物館も、系譜的には常民文化研究所の分家筋ということができる。

なお日本常民文化研究所の「常民」は、日本民俗学の用語で、民間伝承を保持している人々を一般的に指す言葉だ。

宮田　「常民という言葉は渋沢君が昭和十七年頃に使った。それで自分は後からそれを利用した」という柳田さんの有名なことばがありますが、この〈常民〉という新鮮な――当時はですね――言葉、「常民の学問」という言い方が、渋沢さんの構想の中にすでにスタートしていて、柳田はそれを裏付けとして、常民の学といわれるような稲作農耕文化に、日本文化の本質を究めようとする、そういう民俗学を開いてくるわけですね。（網野・宮田同前）

なお日本常民文化研究所の所長を務めた佐野賢治によると、「常民」を最初に用いたのは柳田国男で、当初はマタギやサンカなど山棲みの山人に対して稲作農耕に従事する里人、農民の意味で用いられたという。漁民資料、民具の調査研究に尽力した渋沢敬三は、庶民に語感が近い「common people」の訳語として使ったとする。その一方、このように実在し、普通の暮らしを営む人々を指す実体概念ではなく、また、人を階層や階級で対象化するのではなく、天皇も含む人々の日常性、〝民の常〟を表す文化概念として常民を定義する議論も行なわれてきたという。

●〝渋沢学〟は存在するか

それでは常民の学＝渋沢学といってもよいのだろうか。この問い掛けについて、また「対談　渋沢敬三の仕事と意義」から網野・宮田の応答を援用したい。

宮田　渋沢学というふうにいってないでしょう。それはそれで正しいんじゃないかと思います。こういうかたちで学派をつくってきて、そうして柳田国男に遠慮されてなんとなく位置づけを別にしているというところが、やっぱりそれは謙虚でもあるけれども、たとえば後年、柳田の〈常民〉が、ひっくり返されてくるでしょう。（略）渋沢さんが言っているのは、あらゆる国民の階層にかかわる〈常民〉であって、山民、海民、それから都市の職人とか、全部含めているわけですね。そういう見方をしていながら、柳田民俗学の場合は、農民だけにしぼってしまった。これは柳田自身が日本文化の本質が農村にしかないとして、急速にそこへ凝集していった時期につかわれているから、自然とそうなっちゃったわけです。

網野　……渋沢さんがなぜ〈百姓〉という言葉を使わなかったか、なぜ〈庶民〉とか〈平民〉という言葉を使わないで朝鮮の言葉ではないかと思われる〈常民〉といったのかは、考えてみると実に周到な用意が渋沢さんのなかでなされていたことがわかる……。どこまで渋沢さんがそれを意識していたかどうかは別としてこれは確かだろうと思います。横文字ではコモン・ピープルだと言っている。百姓はコモン・ピープルですからね。百姓を農民に限定するという常識から渋沢さんは解き放たれてたことは間違いないと思うんですよ。

宮田　そういう意味で渋沢さんには先見の明がありますね。

網野はここで自身の百姓論、よく知られる「百姓は農民ではない」というテーゼと渋沢が「常民」に託した内容を寄りそわせようとしているという。そのうえで渋沢の学問の持つ自由さ、振幅の大きさにこそ渋沢学ともいうべきものがあるのではないかと問いかけるのだ。

網野　「日本広告小史」なんて、渋沢さん以外誰もまだ書いた人がないのではないかな。こういう発想はこれまでの経済史学や歴史学からは出てこなかったのです。そういう発想自体、驚くべき直観力に支えられている。それだけに、最初に言いましたように弟子たちはそれぞれに〈渋沢〉〈常民〉の旗印を掲げてね。これこそが渋沢学だとおっしゃるわけです。これは学派をつくろうとしなかった渋沢さんの、逆説的にいえばマイナス面だったのかもしれない。学派ができれば、横のまとまりができるでしょう。ところが渋沢さんは学派をつくらない。

しかし、網野が指摘するように、渋沢は「自分」の思想や方法を他人に押しつけ、学派や流派をつくろうということはなかった。そして宮田は網野の見解を踏まえて、民俗学という学問のなかでの渋沢の立ち位置を整理する。

宮田　僕自身の個人的経験から言いますと、渋沢さんが日本の人文系学問による日本文化の学際研究を目指す九学会連合の中心的な組織者の一人であり、柳田国男がそこで「海上の道」について講演をし、渋沢さんのスピーチもあったりして、両者が九学会連合でともに具体的な仕事を進めていたということは聞きおよんでいました。しかし、実際に我々が大学の民俗学関係の講義のなかで渋沢さんの仕事について教わるということはなかったですね。つまり、私たちは当時から柳田国男を中心とした民俗学を教え込まれてきたわけです……。（略）後に、民俗学の四大人といわれるうちで、柳田、折口、南方など三人の扱いにくらべると、渋沢さんにはやっぱり同時代的な存在感があったと思います。柳田が七十歳代後半のときに、渋沢さんは九学会連合の構想の基礎を広げている。一種のプロモートする力を持っていたという理解が一般的でした。

著者は網野と宮田の応答を読みながら、渋沢学があったとすれば、その本質はなによりも「民間学」だったことではないかと考えるのだ。近年は使われることが少ない民間学は、「官学」に対して、「民衆的で生活的な側面を重視して自生的に成立した学問」と定義されるが、近代日本の人文学で、組織論的にも〝渋沢学〟ほど民間学と呼ぶにふさわしい学問はないように思える。

4　渋沢敬三という「オルタナティブ」

●「主流にならぬこと」

渋沢が果たしてきたことを、傍流、非主流、オルタナティブという表現で表わすことができるとするなら、その第一の継承者は宮本常一にほかならない。オルタナティブな思想は継承されていくものなのか、という疑問の声がきこえてきそうだが、渋沢が宮本に向けた有名な提言は、繰りかえし味読する価値がある。

「大事なことは主流にならぬことだ。傍流でよく状況を見ていくことだ。舞台で主役をつとめていると、多くのものを見落としてしまう。その見落とされたものの中に大事なものがある。それを見つけてゆくことだ。人の喜びを自分も本当に喜べるようになることだ。人がすぐれた仕事をしているとケチをつけるものが多いが、そういうことはどんな場合にもつつしまなければならぬ。また人の邪魔をしてはいけない。自分がその場で必要をみとめられないときはだまってしかも人の気にならないようにそこにいることだ」などということばは私の心に強くしみとおった。そしてそれを守ろうと思ったが、なかなか実行のできるものではなく、人の意識にのぼるような行動をとることの方が多いのである。

先生はまた「これだけのことは知っておくのがよい」とて民俗学をはじめ、文化科学に関係のある、先生の知人の一人一人についての人物評をして下さった。それは尊敬する人に対して偶像崇拝的になってはいけないということ、つまりいつも正しい価値評価をして一歩退いて見ることの重要さを教えて下さったのである。（宮本常一『民俗学の旅』）

渋沢が宮本に託した「主流にならぬこと」「傍流でよく状況を見ていくこと」は、おそらく不断の批判精神のことをいっているのである。つまり渋沢学とは学派や流派をつくらないことをつねに意識し、思想や方法、自分の立ち位置を流動させていくことなのかもしれない。

●ミナカタ・ソサエティの設立

渋沢の仕事のなかで、一般にあまりよく知られていないのは、南方熊楠の業績を顕彰し、残していくことに努めたことである。

網野　南方熊楠にしても、いまでこそブームになっておりますけども、敗戦後、南方さんに最初に眼を付けたのは渋沢さんなんですね。南方ソサエティを作っている。日本文化はいま元気がなくなっていると、朝日新聞の「きのう　きょう」欄（著作集第3巻）に書いていますね。この元気を起こすには、南方先生でなくてはならないって……。あの感覚にはやはり感心しますよ。

宮田　柳田も南方の偉大さがわかっていて、尊敬してましたが、積極的には南方の学問をどうこうするということはしていないんですね。むしろライバル意識のほうが強い。自分よりすぐれている発想を持ってるからでしょう。そういう点、虚心坦懐なんだ、渋沢さんのほうは。これは素晴らしいものだと。南方全集を最初につくったのは渋沢さんでしょう。（網野・宮田同前）

昭和二一年（一九四六）秋に満州より引揚帰国した映画俳優・プロデューサーの岡田桑三《そうぞう》（一九〇三〜一九八三）は、渋沢敬三に南方熊楠顕彰事業開始を働きかけた。約一年後の昭和二二年一〇月、熊楠と親交のあったジャーナリスト杉村楚人冠の子息で朝日新聞記者であった杉村武の尽力で、朝日新聞社会議室で渋沢の呼びかけによるミナカタ・ソサエティ準備会が開催され、渋沢が会長に、岡田が代表幹事に指名された。昭和天皇が、昭和二三年に渋沢に熊楠の標本の現状を質したことも、顕彰活動にはずみをつけた。

昭和二三年二月一七日、渋沢敬三が南方邸を訪れ、また中屋敷町興起無尽会社二階で「南方先生の学会に尽くされた業績について」講演。那須孫次郎が「ミナカタ・ソサエティ支部設立」について提案した。こうして昭和二三年六月一日、ミナカタ・ソサエティが設立される。そこには渋沢敬三代表のほか、野村吉三郎（元駐米大使、元海軍大将、学習院院長）、片山哲（元内閣総理大臣）、佐藤春夫（作家）、佐竹安太郎（元東北大学長）が名前を連ねた。

我が国に生れたこの自然人文両面にわたる稀世の頭脳の産物を、弘く世界に示したく希う心持の生ずることは誰でも同じでありましょうが、ここに岡田桑三君は終戦直後未だ満州に抑留中から早くも南方菌譜公刊の企画を胸に懐かれ、帰来熱心に奔走されひとまずミナカタ・ソサエティを結成するに至りました。（渋沢敬三「『南方熊楠全集』上梓のいきさつ」）

ソサエティの設立を契機に、昭和二六年五月、『南方熊楠全集』が乾元社から刊行される。そして昭和二六年五月二四日からミナカタ・ソサエティ主催による南方熊楠展が、東京三越、大阪三越、神戸三越、和歌山県立図書館など各地で開催された。昭和二七年一月一一日から一五日の田辺市公会堂における展示では五日間で二万六〇〇〇人が入場している。

渋沢は戦後間もなく、昭和天皇から熊楠の逸話を聞かされたことがある。

たまたま昭和初頭、陛下が軍艦長門で田辺湾に御立寄の節、特に南方先生は御進講を申上げ、次いで湾内の神島《かしま》の動植物生態を御案内申上げました。終戦後の或る日、私は陛下に拝謁を賜った際、談たまたま南方先生のことにも言及しましたところ、「南方は惜しいことをした」と申され、ついでニコニコされながら、「南方には面白いことがあったよ。長門に来た折、珍しい田辺附近産の動植物の標本を献上されたがね。普通献上というと桐の箱か何かに入れてくるのだが、南方はキャラメルのボール箱に入れてきてね。それでいいじゃないか」と仰せられたことがあります。平素およそ批評がましいことを口にされぬ陛下として、物心の本質をよく把握される片鱗を漏らされ嬉しく存じましたが、これも南方先生なればこそ極めて自然であり、陛下も殊のほか親しみ深く思召されたのでありましょう。（渋沢敬三同前）

昭和三七年五月、昭和天皇は南紀《なんき》に行幸、宿舎から雨に煙る神島を目のあたりにされた。三三年前、熊楠の案内で神島に変形菌を探られた日も雨であった。「雨にけふる神島を見て紀伊の国の生みし南方熊楠を思ふ」。翌年一月一日の新聞に発表されたこの歌が、その後の熊楠顕彰を後押しし、昭和四〇年には白浜町に南方熊楠記念館が開館。熊楠の超人的な足どりが人びとの前にようやく明らかになった。

●日本実業史博物館構想

昭和七年（一九三二）、渋沢敬三は祖父栄一を記念するのにふさわしい事業として、日本実業史博物館の設立を提唱し、さまざまな資料を収集し始めた。

具体的には、昭和一二年に起草した「一つの提案」で「近世経済史博物館」を構想し、その一つの部門に「近世経済史展観室」を計画。この展観室には「経済史上最モ画期的変化ノアリシ」時代として、文化文政期から維新を経て明治末年に至る経済・産業の変遷、発展過程を物語る文物、器物等を陳列するとした（のちに下限を明治期としていたものを大正期までと延長）。近代工業についてはほかの機関に委ねることとし、軍事・外交・政治・学術・芸術・宗教・貴族文化・常民文化に関わる資料も基本的に範囲外とした。

展示内容は「一つの提案」のなかの「展観予想」にうかがうことができる。その項目は以下のようである。

（1）原始産業　①農業　②林業　③牧畜　④水産　⑤鉱産

（2）基礎産業　①軽工業（製糸・製紙等）　②化学工業（肥料・醸造）　③重工業（製鉄・造船）　④建築工業

（3）補助産業　①電気事業　②運搬業：陸上運輸　③商業：銀行・金融業　④印刷業・広告業・

出版業
(4)上記以外の実物・写真・模型 ①度量衡 ②保管器具(千両箱・金庫等) ③計算機 ④文房具 ⑤帳簿類 ⑥切手類 ⑦貨幣・藩札 ⑧広告 ⑨各種生業模型 ⑩維新前店舗様式模型 ⑪維新後の店舗様式 ⑫服飾様式各種 ⑬写真によりて示すべき各種建造物及情景 ⑭動力使用形態の変遷 ⑮逓信郵便の変遷
(5)図表 ①一般:年表的のもの ②財政 ③土地 ④人口表 ⑤職業別人口及戸数 ⑥資本 ⑦労働 ⑧生産高発展表 ⑨物価:主要物価及指数 ⑩貿易 ⑪物価 ⑫貨幣流通高 ⑬為替相場 ⑭公社債高 ⑮其他商業及交通等各種統計又は図表

渋沢敬三による「青淵翁記念日本実業史博物館」設立計画案は竜門社によって正式に決定され、関係資料が本格的に収集された。そして昭和一四年五月一三日、曖依村荘《あいいそんそう》(渋沢栄一の飛鳥山の別邸)内の、現在史料館が建っている場所を建設地として、地鎮祭が行われている。

この計画はその後も、「日本実業史博物館」の名称で設立に向け収集が継続されたが、建築資材の統制は厳しく竣工には至らず、昭和一九年に「非開館」を決定した。昭和一二年から収集され続けたものは、昭和二六年文部省史料館へ移管され、その総数は一九五二六件三七八五三点と発表されている。このうち文書資料や書籍に比べて、半数以上が器物・絵画・広告・看板などの実物資料・非言語資料という構成になっている。

人文学者・原田健一の「モノをめぐる渋沢敬三の構想力――経済と文化をつなぐもの」によると、実博のために収集した資料は、国文学研究資料館で再整理が進められ、①博物館準備室アーカイブズ、②絵画、③写真、④番付、⑤地図、⑥古紙幣、⑦竹森文庫、⑧文書・書籍、⑨広告、⑩器物資料に分けられている。また①には、実博の資料収集の過程を明らかにする「購入品原簿」と「準備室日記」が残されている。それらの資料の分析から、実博の資料収集において、渋沢敬三が土屋喬雄、樋畑雪湖、樋畑武雄、遠田武などの数人のブレーンとともに、直接収集の指示をし、その収集された資料をみて購入の可否などの決定を行なっていること、また実際の収集活動には、甲州文庫攻力亀内、粋古堂伊藤敬次郎、うさぎや書店、木内書店などがあたっていたことが明らかにされている。

竜門社の計画によると、翁の伝記を網羅する「青淵翁記念室」一〇〇坪、近世において経済文化に貢献した人の「肖像室」五〇坪に加え、四五〇坪と計画されていた「近世経済史展観室」が主要な部分を占める。

博物館の構想は江戸末期以来数多くの起業家や一般の国民が、未曽有の大変革のなかで、どのようにして近代化の要請に対応してきたかを具体的な資料にもとづいて検証すること、それによって栄一の業績の広がりを顕彰するとともに、その背景にあった全国規模で進展した社会変革に関する研究に資するものを目指すというものだった。この計画について渋沢は、個人的な努力だけにとどまらず竜門社や第一銀行などの組織を通じて膨大な資料を収集したのである。

しかし時代は戦争へと突入していき、工事は延期になり、収蔵品は小石川の阪谷邸に移動され、終戦を迎えた。ところが戦火は免れたものの、阪谷邸は占領軍に接収されてしまう。敗戦後の窮乏・混乱のなかで、各地旧家の地方文書の散逸や、財閥の経済関係史料の散逸が見られるようになった。そこでコレクションは文部省史料館（現在の国文学研究資料館史料館）に一括寄託された。そして、渋沢が没する前年の昭和三七年、正式に寄贈となり現在に至っている。

「日本実業史博物館」はその後も、資料の収集および展示・収蔵のための施設設置場所の模索が続けられたが実現に至らず、「幻の博物館」となった。このため現在実現されているのは、昭和一二年の竜門社の計画のうち、渋沢史料館の「青淵翁記念室」のみである。

このような運命をたどって眠っていた旧蔵品を、デジタル写真に撮り、利用できるよう整理する作業が、近年、国立史料館で始まっている。このコレクションには、錦絵を始め、明治前後の時期の産業や経済の発展を視覚的に訴える貴重な資料が数多く含まれているからだ。

渋沢敬三は博物館を建てようとするほど、「実業」や「実業史」、あるいは「経済」「経済史」にこだわったが、もちろんそちら側にだけ軸足を置いたわけではない。

網野　渋沢さんの強みは実業界にいて、「実業」を見ながら「虚業」のほうに深い理解を持っているところだと思います。ただ、渋沢さんは最後まで「自分は実業の世界の人間だ」と自己を限定していく。

宮田　そこですね。柳田が考えてるような認識論ではないとしても、やっぱり最終的には、精神というか、思想というか、そういうものに対する強い執着力というか、究明したいという思いがないと、民具だけで終わってしまうという錯覚におちいってしまう。

著作集第3巻の月報に作家の山崎豊子さんが書いていますが、渋沢さんが『暖簾』を書いた山崎さんを料亭に招待したときに山崎さんが「自分は経済学のけの字も知らない」と言うと、渋沢さんが「日本の経済史は理論やモノだけで構成してて、結局いちばん必要なのは心の問題だ。それがわからなくちゃ経済史はできない。それを日本の学者はやってない。で、あなたの小説を読ませたい」、そういうことを言っているんですね。それがすべてにあるんじゃないでしょうか。(網野・宮田同前)

渋沢は開国百年記念文化事業会委員として、昭和三〇年（一九五五）に『明治文化史』の『生活編』と『社会・経済編』を編纂し、刊行している。この二冊は日本常民文化研究所の関係者を動員して、明治文化の基礎条件を明らかにしようとするもので、内容的にみて実博の構想と重なるものである。

原田は、『明治文化史』の『生活編』と柳田国男の『明治大正史 世相篇』を比較し、対象は似ていて綿織物産業など取り上げるトピックスが一部同じであるにも関わらず、視座の違いで内容が似ても似つかないと指摘する。渋沢のものを見ていく眼は実利的・即物的であり物と物との交換や経済、あるいは制度に向いていたといい、一方柳田は同じ民具を話題に取り上げても使う人の感覚、心に記述の中心を置いたというのである。

渋沢が用いる「実業」や「経済」という言葉は、おそらく近代日本の実業家、経済人のなかでも使い方が独特で、その背景に思い描かれていることが独自のリアリティを持っている。

●「日本広告史」の試み

渋沢敬三による実業史博物館構想には、「広告」の歴史を捉えなおすこと、あるいは「広告の民俗学」はありえないのかというユニークな着眼点が、非常に重要な基軸になっていた。

歴史学者・原島陽一によると、日本実業史博物館収集資料は幕末から昭和初期まで、七〇年から八〇年間に及ぶもので、広告の種類を分類すると、引札・ちらし・商標・略歴引札をはじめ、栞・包紙・広告団扇・価格表・絵ビラ・初荷札などであって、広告資料のコレクションとしては必ずしも多い数字ではないにも拘らず、種類は多岐にわたっている（原島陽一「日本実業史博物館準備室旧蔵資料のうち「広告の部」資料について」）。

引札とは「近世には、紙に文字を記した形態の広告」であり、「報条・引札などと呼ばれ、なかでは引札が代表的名称として用いられた」ものであった。「大正〜昭和期に発行された小形の広告紙に限って〝ちらし〟の名称を付与」している。なおその後の研究で、日本実業史博物館内の他の資料に紛れた広告関係資料が見いだされ広告として分析すべき対象の現時点での延べ数は四五七一件に及んでいるという。

昭和三〇年（一九五五）に電通主催の夏季大学で行なわれた講演「日本広告史小考」は、「原始時代における流通」「ハンドマニファクチャー時代」「実物による宣伝」「古典の中から」「実物看板の発生」「市の発生」「新聞広告の発生」と章立てされている。

> 広告はどこまでも、商品があってそれをある媒体を使って広告する。ときには商品自身がその媒体をすることもあるが、新聞なり雑誌なりラジオなりテレビなり、あるいは看板なりといったような媒体を用いて需要家に周知せしめて購買心を起させる手段である。こう見ていいだろうと思うのである。これはいろいろ詳しく学問的に究明しますと、この定義には物足らぬところが出るかもしれぬが、ごくおおざっぱに言ってそう言えると思う。

ここで渋沢は「媒体を用いて需要家に周知せしめて購買心を起こさせる手段」が「広告」であるとの認識で、商品を有さない周知広報の「宣伝」との差を強調しているのだ。

その反面、広告の裏側を見すえ、モノづくりの「真の成功は失敗を率直にかつ科学的に究明した上で築かるべき」という視点も持ち合わせた。さまざまな意匠・形態の広告・看板を通し、経済発展とモノづくりを見直すメッセージを感じることができる。

この講演で、石山寺縁起絵巻、一遍上人《いっぺんしょうにん》絵伝《えでん》、直幹申文《なおもともうしぶみ》絵詞《えことば》、四天王寺《してんのうじ》扇面《せんめん》古写経《こしゃきょう》、七十一番

職人歌合、日本山海名物図会、守貞漫稿《もりさだまんこう》、洛中洛外図屏風などに描かれた商売風景の図版に加え、資料収集当時の商人の写真を紹介している。これらの絵巻を、実業史に関わる「広告」の資料として捉えていたからであろう。さらに、物売りの声、口上も広告の一種として概説している。その姿勢からは、ラジオ、テレビなどの新しいメディアを意識して歴史を振りかえっている様子がうかがえるのである。

●延喜式博物館

渋沢の博物館構想で最もユニークなのは延喜式博物館を構想していたことである。それは延喜式の記録にもとづいて当時を徹底的に「再現」する試みであった。

宮田　いちばんの理想、つくりたいと思っていた延喜式博物館というのは、どうなってたんでしょうかね。

網野　その手はじめとして『延喜式』の水産物の研究を渋沢さんはやっていますが、現実的には完全な夢で終ったのでしょうね。しかし、ほんとに延喜式博物館をつくれれば、渋沢さんは地下で大喜びしてくれると思うけども、これは大事業ですよ。本気でやったら、想像を絶するたいへんさだと思いますよ。

宮田　でも、もしそれができたら日本文化のさまざまな面がわかるんですね。モノと文献と伝承を通して、多方面から日本文化のトータルな姿がわかってくる……。レプリカも可能なんですからね。

網野　『延喜式』にはモノのつくり方もある程度書いてありますからね。しかも律令にない贄の魚とか、いろいろな問題がみな出てきますから。これを精密にすくい上げて博物館にしたら、日本の社会や国家の構造を浮き彫りにできると思いますよ。

宮田　それから海人の持っている国際的な広がりまで全部入ってくる。（網野・宮田同前）

渋沢の「延喜式博物館」構想は、「絵引」をつくるという形で提唱され、『絵巻物による日本常民生活絵引』にその一部が実現された、図鑑的な歴史の索引づくりに通じるものである。

●絵引から深まる世界

『絵巻物による日本常民生活絵引』は渋沢の歴史的、空間的、超領域的関心を示すものだった。「絵引」とは「字引」にたいする渋沢の造語で、絵によって引く事典を意味する。

渋沢がこの構想をもったのは古く、アチック・ミューゼアムにおいて足半研究の方法について検討する際にであった。つまり絵巻物のなかで、足半草履がどの階層の人たちにどのように用いられているか、またそのテクロノロジーをあわせて資料化すれば、足半利用のあり方が歴史的に把握できるというものであった。

この考え方は、アチックの顧問格で、服飾、履物などの研究において新生面をひらいた宮本勢助の方法（『民間服飾誌履物篇』）で、渋沢はここから足半だけではなく、ほかの研究対象も同じ観点から抽出活用すれば、絵巻物は民俗資料の宝庫であることに気づいていたのである。

字引とやや似かよった意味で、絵引が作れぬものかと考えたのも、もう十何年か前からのことであった。古代絵巻、例えば『信貴山縁起』『餓鬼草紙』『絵師草紙』『石山寺縁起』『北野天神絵巻』等の複製を見ているうちに、画家が苦心して描いている主題目に沿って当時の民俗的事象が極めて自然の裡《うち》にかなりの量と種目を以て偶然記録されていることに気がついた。

……そして、これが完成すれば、古代絵巻にあらわれた履物全部を一応楽に眼を通し得るであろうし、同時にはだしの場合が非常に多いことも気がつく。また従者が伴待ちの間にひぜんをボリボリかいている様子や、今時の子供にはほとんど見られずお芝居の児役の仕草だけに見る小児の動作等もかなりはつきり把握できる。庶民の着物も柄合等も丹念に番号をつけたら面白そうである。

……少し残ったのを、戦後たまたまアチックの出版物を購入のためにわざわざ拙宅迄来訪されたワーナー博士に見せたら大変面白がつておられた。いつかまたこの仕事を再開したいと思いつつ荏苒《じんぜん》日を送つて居る始末で、自らも不甲斐なく思っている。しかしこの仕事は民俗学の中でもマテリアルカルチュアの資料として、クロノロジーを明らかにし、文章のみでは解かりにくい面をはっきりさせる点で、誰でもいいから一度は完成しておくと後から勉強する方々の助けになると思う。各絵巻の原本を披見するは云わずもがな、信頼し得る複製を供覧して彼此相検討するにさえ並々ならぬ労力と時間を要する。便利な字引と云うものが出来ている世の中に、あえて昔日の杉田玄白先生が字引を手写して苦心されたように、いちいち絵巻物を繰りひろげて遡らないでも用を便ずる絵引があったらと今でも思っている。（「絵引は作れぬものか」）

右の文章は昭和二九年（一九五四）三月に書かれたものだが、戦災による原稿の消失を経て、昭和三〇年一二月には戦後第一回の会合が開かれている。そして昭和三八年七月まで、八月を除いて毎月一回会合を持ち、絵巻物の中から民俗資料を描き出す作業を行い、村田泥牛が模写していった。研究会のメンバーは有賀喜左衛門、遠藤武、河岡武春、桜田勝徳、笹村草家人、宮本馨太郎、宮本常一の八名で、渋沢は熱心でほとんど休むことなく、病状が悪くなっても出席していたという。

第一巻は昭和四〇年一月に、第五巻は昭和四三年一月に完成した。角川書店から出版し、この絵引におさめられたものは、扇面古写経・伴大納言絵詞・鳥獣戯画《ちょうじゅうぎが》・信貴山《しぎさん》縁起絵巻・餓鬼草紙・北野天神縁起絵巻（以上第一巻）、一遍聖絵（第二巻）、粉河寺《こかわでら》縁起絵巻・西行物語絵巻・吉備大臣入唐絵詞・馬医草紙絵巻・当麻《たいま》曼荼羅縁起・伊勢新名所歌合戦絵巻・男衾三郎《おぶすまさぶろう》絵詞・天狗草紙絵巻・石山寺縁起絵巻（以上第三巻）、親鸞上人伝絵・後三年合戦絵巻・絵師草紙・長谷雄卿草紙・直幹申文・春日権現験記絵・福富草紙（以上第四巻）、法然上人絵伝・慕帰《ぼき》絵詞・融通念仏縁起絵巻（以上第五巻）であった。渋沢はこの完成を見ずに亡くなった。

また魚類学者であった富永盛治朗が、魚族四八〇種の生態と解剖図一一九三枚、細部を示す五〇〇〇枚の図を描きあげた情熱に動かされて「五百種魚体解剖図説」出版を計画したが、これも渋沢の生前には本にならず、遺言によって死後公刊された。

『絵巻物による日本常民生活絵引』は渋沢敬三編著となっており、渋沢の死後において発刊されたものである。

渋沢はこの書物の出版を楽しみにしており、書名をどのように決めたらよいかを、時々思い出したように話した。そして一つの案として「古代絵巻の民俗的解析」はどうだろうかといった。右の古代は厳密な時代を指すものではなく、古い時代という普通名詞的な用語にちかく、時代でいえば中世にあたる。そして民俗的解析というのは言いかえて妙で、日本の主要な絵巻物における民俗的な事態を抽出して、それを模写し、その全体もしくは部分に番号を付し、それぞれ名称をつけて引くことが出来るようにすることを考えた。それらを相当量集めれば、一おう年代を決めがたい民俗学もしくは民俗資料に時代性を与えることが可能であり、民俗資料を歴史資料に劣らぬ価値をもたせ得ると考えた。もちろん時代のみではなく、民俗事象の分類さらに組合せ、比較を可能とし、従来の民俗学では明らかになし得なかった領域をとりこむことができるようになる。（河岡武春「『絵巻物による日本常民生活絵引』解題」）

絵巻を読み込むことにより、さまざまな風景が立ち現れてくる。そしてそれは、これまでにない歴史の見方を示すことであり、また新しい民俗学の入り口を開くことでもあった。公家、僧侶、武士など当時の貴族ないし支配階級の世界を描いた中に点景のように描かれている庶民の姿に渋沢は惹かれた。そこにはまぎれもない民俗世界があったのだった。

●岡田桑三と一六ミリカメラ

民俗の調査は視覚に訴えることが、ものを正確に把握する重要な手段であるとして、一六ミリの映画撮影を戦前に行っていたことは先駆的な仕事だった。

渋沢は横浜正金銀行ロンドン支店に赴任途上の、客船鹿島丸による神戸からマルセイユへの一ヶ月半余りかかる渡欧の船中で、ベルリンのカイザー・ウィルヘルム芸術アカデミー美術工芸学校の舞台美術のアトリエに入学を許された岡田桑三と知り合った。ミナカタ・ソサイエティ設立の発案者でもあった岡田桑三は、大正一一年（一九二二）から大正一三年ベルリンの国立美術工芸学校に留学。日活の俳優として阿部豊監督「陸の人魚」などに出演する傍ら、左翼文化運動、映画運動に関わる。昭和一六年（一九四一）東方社を設立、木村伊兵衛らと写真誌『ＦＲＯＮＴ』を発刊。

一九年満州に渡り、満映で天然色フィルムの開発に従事。昭和二九年東京シネマ（現・東京シネマ新社）を設立し、科学映画製作に着手。「ミクロの世界」「マリン・スノー」などを次々と発表、各地の国際映画祭で賞を獲得した。

ベルリン留学からの帰国後、渋沢とアチック・ミューゼアムの活動を通じ、岡田は後にグラフ誌『ＦＲＯＮＴ』発行に関わった林達夫、岡正雄、岩村忍、あるいは服部四郎をはじめ、実に多数の民族学分野の人々との人脈をつくり上げた。

渋沢は、最晩年に父の撮った写真を『瞬間の累積——渋沢篤二明治後期撮影写真集』にまとめているが、廃嫡された父を回想して、いろいろ面白い趣味をたくさんもって生きた人だと述べている。

昭和初期、非常に高額であったアマチュア用一六ミリカメラ「シネコダック」をいち早く所有し、太平洋戦争が差し迫り、アメリカからのアマチュア用反転映画フィルムが輸入停止になるまで、採訪と呼んでいた調査旅行にカメラを持参し、自ら撮影し、また後には周辺の人々、とくに宮本馨太郎に提供し撮らせていた。

第一銀行本店の建物が新築されるとき、その過程を随時記録させた。その内容は、建築を担当した清水建設の後輩たちが後年に見て、建築史的に貴重なものだったという。岡田桑三は、動く映像の持つ記録としての機能、考え方についても、多くを渋沢から啓発された。後年、日本科学映画協会を設立しようと思いたった岡田が、まず会長に担ぎ上げようと考えたのは、渋沢だった。

鈴木正崇は「『澁澤民間学』の生成」で、花祭の調査によって、アチックの活動内容が飛躍的に拡大し、深まりも見せることになったとし、以下の大きな動きを指摘している。

・記憶の固定化と複製と再現への展開した。

本格的な映像記録の作成によって、記憶を固定化することで、複製と再現を可能にする資料の蓄積に展開した。

・「文脈化」と「複合化」によってモノの持つ意味を探求した。

鈴木によると、昭和五年に渋沢邸で催された「花祭」公演の一六ミリフィルムによる記録化は、面・舞衣装・道具などの収集にとどまらず、写真と映像を組み合わせ、総合的に全体の機能や意味を探る可能性を提示するものだった。そして、この経験にもとづき、アチック・ミューゼアムは資料収集を全国展開していき、調査活動を活発化させて、出版活動も進むことになる。鈴木は、その原点には早川の『花祭』があり、地域のモノグラフが普遍性を持ち、一般化に結びつくことを広く認識させることになったと高く評価している。

●編集者・渋沢敬三

東洋大学の渋沢敬三先生景仰録編集委員会が編集した「渋沢敬三先生景仰録」に渋沢の著作譜や日本常民文化研究所業績が掲げられている。

それによると雑誌その他に発表した文章は七八篇で、単行本の編著八部一三、一六ミリフィルム二〇、日本常民文化研究所で発行した書物は「アチックミューゼアム彙報」五二、日本常民文化研究所彙報」九、「常民文化研究」一三、「アチックミューゼアムノート」二〇、「日本常民文化研究所」ノート四の合計一〇八冊に達する。そのほか文献索引二〇冊、日本地名索引三冊があり、漁業制度資料目録などを合わせると一四冊を数える。

これらの出版物は昭和九年（一九三四）一一月から昭和三七年六月にわたって出版されたもので、一〇八冊を分類してみると、水産関係文書資料一九、水産史関係論文一二、水産関係民俗誌・二〇、一般文書資料一九、民俗・経済史論文三、民俗誌・三五からなり、水産史および水産関係民俗の解明にいかに力を注いでいたかがわかる。

また、常民生活に関係ある文書や文献の蒐集出版にも力を注いでいたことが、この数字を通してうかがえ、このような出版は論文を除いてはいずれも資料集で、資料の出版こそが、研究の上に大きく貢献するものであるとの渋沢の主張が、こうした事業の上にもあらわれている。（宮本常一『渋沢敬三』）

こうした数字や評価を見るとき、渋沢敬三はすぐれた「編集者」だったと言えるのではないか。渋沢を研究者、オーガナイザー、フィランソロピストとして見るだけではなく、民俗・歴史史料を編纂し、在野の調査・研究を積極的に世に送り出した稀有の編集者としても評価すべきだろう。

●映像資料の活用

正確な資料を残すために時代の最先端の技術を導入したことは、足半の調査にレントゲン撮影を試みたことでもうかがわれる。民俗研究者の小林光一郎によると、写真の活用や当時としては高額な費用のかかる一六ミリの活用は、アチックや渋沢の調査・研究における特徴の一つであり、渋沢の経済的な援助・運営にもとづいていたアチックの特徴の一つでもある。民俗や民族を対象とした調査で写真を用いた例は、大正の中頃の折口信夫をはじめとして始まってはいたが、一六ミリを用いた例はアチックがその嚆矢であろう。

渋沢の調査における一六ミリの活用は、ロンドン時代に一六ミリカメラを購入し、その有用性を知ったうえでの発案だと考えられる。が、このような発想は、高額な一六ミリを活用できるという資金的に潤沢な環境であったアチック（=渋沢敬三）ならではの特徴といえる。

写真や一六ミリ以外にも、渋沢ならではの特徴として、渋沢が持つ人脈・情報網を駆使した調査や資料収集があった。渋沢は銀行の地方大会で講演や出席と並行して調査を行うことが多く、銀行関係者による情報網をつかって民俗事象を予備調査的に調べさせ、その後、渋沢自身がその当地に直接赴き実地の調査を行なっている。

また足半の調査・研究では、X線撮影という手法で足半や草履などの透過撮影を行い内部の緒の状態を調べているが、このX線撮影も、昭和四年（一九二九）に、祖父栄一が創立に関わった癌研究会の理事に渋沢が就任したことと関係していたようで、渋沢の人脈・情報網を活用した事例のひとつだった。

渋沢やアチックは、個人ではなくアチックという団体・組織で研究や整理を行うこと、資料の収集・整理とその資料の開示・提示をすることを目標に、同人による調査・研究・資料整理の分担という組織体制を確立し、一六ミリの活用や渋沢の人脈・情報網を利用した調査・資料収集を行い、その成果（途中段階も含む）である資料の開示・提示をアチック彙報などの報告書として刊行していた。

●失敗史は書けぬものか

『祭魚洞襍考』の第二部「犬歩当棒録」に収録された「受けうりばなし二、三」の「（3）失敗史は書けぬものか」は、渋沢の冷静で、オルタナティブな歴史観をよく表わすものである。

終戦後間もない頃のこと、政府は青函連絡の汽船の不足に悩み、リバティー型の船を借入れて運航した時の話である。リバティー型の船は米国でも大量早急の需要に応ずるために造れたやや粗製濫造型の船のためか、何れも舵のきき方とかその他運航上各種の奇妙な癖を持っていた由で、いよいよ引取る際には二冊の帳面《メモ》を渡された。一冊はその船の異常な癖を羅列指摘したもので、一冊はそれに対処する仕方が書かれていたそうである。この虎の巻があったために船は直ちに運航されたという。造船海運の点では戦勝国の恥にもなろうという欠点を何の隠し隔てなく赤裸々に示して、向後の粗相を未然に防がんとした態度にまず打たれた。

同様に、「人の陥り易い不注意や誤謬を二度と繰り返させぬための指針としての、参考のため」の指針づくりはあった。こうしたことができるのは、劣等感から生まれた他人の欠点を暴き、自己の弱点を隠密にしたがる人情にたいし、優越感にもとづいて、自己の欠点を苦もなくさらけ出すという性質からである。イギリス東洋艦隊の主力である戦艦プリンス・オブ・ウェールズと巡洋戦艦レパルスが日本の海軍機に撃沈されたとき、チャーチルは議会でこの事実を披露したという。「真に勇気のいることである。少しでも劣等感があったら出来ることではない」と渋沢は評価するのだ。

翻って我が国の過去の歴史的記録労作を顧みると、殆ど全てが自慢史ばかりである。銀行・会社の何十年史、学校や各種団体、市町村の事ある時に出された歴史、ひいて我が国の歴史に至るまで、まず成功づくめの自慢史ではなかったか。例えばある薬品を創造するに際して成功した経過はもとより記すべきだが、その過程に於て辛苦した失敗のデータが極めて手際よくたんたんと書かれてあったら、他の従事者または後に続く者は無駄な労力と試薬と時間とを省き得ること莫大であろう。真の成功は失敗を素直にかつ科学的に究明した上に築かれるべきものであろう。財政経済弘報も実によくその職務を勉励しつつ果たされているが、同時にそろそろ財政経済諸政策についての科学的な反省による指摘を掲げてよい時機かも知れない。熱心に本気に仕事をした人や機関をブレームするのではなしに、後に続くもののために、またお互い我が国民全体のために、むつかしいことだが考えられてもよいかと思う。

雑誌『財政経済弘報』（一九五三年一一月一八日、第二八八号）が初出である点から、渋沢は「失敗史」の必要性を、財界人や企業家に向けて発したのだろう。しかし、渋沢の忠言は明らかに国家政策に向けられ、また学術上の歴史の捉え方も視野に入れて書いたに違いない。

●非原子力・太陽光発電推進

『犬歩当棒録』に収録された「『ダイヤモンド』「私見」欄中より二編」のうち「太陽からもう少し頂戴できぬか」は、昭和三三年（一九五八）一〇月に書かれたものだが、渋沢はここで〝非原子力〟、〝太陽光発電推進〟の態度を表明している。

世を挙げて原子力に脳細胞の向きをそろえている。原子力と人類の関係はどの方向をとっても、現在想像している以上に大変なことになるのは素人の筆者にもおぼろげながらわかる気がする。ところが学者が全部原子力のみに向かっているかというと、少数ではあるらしいが、太陽熱《ソラーエナージー》と懸命に取り組んでいる方々のいるのはうれしい。そして、七千度とか三千度とかいう高熱を太陽から実験的に人間の管理下に引き出している様子である。しかしそれほどの高熱でなくてもよいから、もっと楽に我々が駆使できる形にしてもらえたら、もっとうれしいと思う。

戦前銀座あたりで屋根の上に浅い皿状の桶をいくつもならべて水道の水を順に流し、夏はもちろん、手も入れられぬくらい、冬のさ中でも、ひなた水くらいの温度の湯を風呂桶に流し込んでいた家があった。また、戦後知多半島辺の簡易水道をしつらえた所では、農家は屋根に右様のヴァットを置いて、夕方燃料なしで楽に湯をつかっているようだ。いずれも安価なかわり、きわめてプリミティヴな装置である。……都会地個人の家でも屋根の向きによっては知多辺の農家の真似はできるはずであろう。あらゆる生物の根元となる太陽熱の恩恵にあずかっている我々も、もうちょっとおねだりしてもよいのではと思う。

原子力のように原料が偏在したり、後始末がむずかしいものとはことかわって、太陽熱は人類にとって絶大な資源で、かつ全く平等普遍的である。しかも後進国が位置する地方ほど燦然《さんぜん》とふりそそいでいるのを、今のところ無駄にして暖かがっているだけでは曲がない。学者や技術家が太陽から何千度かの熱をとって使ってみたいのはよくわかるが、その前に六十度前後の湯を水道の何千分の一でもよいから太陽熱で作ってみてもらいたい。現に多少は実行している人がいるのだからその改良に工夫をしていただきたいのである。いうまでもなく、お風呂は衛生の問題だけではなく、近代人一般にとっては、心の慰安でもあり、明日の活動をどんなに助けていることか。このお風呂の熱源の一部に、どこにでもふんだんにあるただの資源が巧妙に導入できたらお天とう様もほほえんでくださり、この欲張り奴がとよもや小言はいわれまい。（渋沢敬三「太陽からもう少し頂戴できぬか」）

渋沢のこの文章が発表される二年前、昭和三一年一月一日、原子力委員会が設置され、初代委員長に就任した正力松太郎《しょうりきまつたろう》は、日本に原子発電所を五年後に建設する構想を発表している。さらに「原子力産業会議」の設立を提唱するなど、原子力推進の機運を盛り上げようとしていたのである。そのような時代に渋沢が表明したこうした態度は、民俗と科学に通じた学者、実業家にとって極めて憂慮すべき事態だったのだろう。

●旅に育まれた思想

いま見てきた太陽光発電にたいする関心にしても、渋沢敬三は旅先で見聞したことをフィードバックし、考え方の基礎においた。宮本常一はもちろん、民俗学者としては、柳田国男や折口信夫らも旅によって学問のその主題を練り、方法を鍛えていった。彼らに比べて、渋沢には「旅人」のイメージは希薄だけれど、国内外への有意義な旅を繰り返している。

水産・漁業の歴史と民俗への興味は、深川邸にあった「潮入りの池」で生まれたものだが、海釣りを趣味とし、日本列島の各地に出掛けたことは第一章でも述べたとおりである。渋沢が残した紀行文は、決してまとまったものとは言えないものの、旅先の風土や民俗に惑溺することなく、鋭い批評眼とときおりユーモアを交えながら執筆されている。

また、「伊太利旅行記」、「倫敦の動物園を見るの記」『南米通信』などにおいて、実業界・政財界の仕事で訪ねた海外での体験を記録していることも特筆すべきだろう。柳田国男も国際連盟委任統治委員としてスイスのジュネーブに赴任し、そこから足を延ばしてヨーロッパ各地をめぐったことを日記に綴った。しかしその日記は、不特定多数の読者を意識したものではない。

宮本常一は昭和五〇年代に東アフリカ、済州島《チェジュ》、台湾、中国を旅して、自身が設立に関わった日本観光文化研究所の雑誌『あるくみるきく』などにその紀行文を載せている。ただ惜しむらくは、宮本にとって六十歳後半からの外遊で、時遅きに失して宮本民俗学に根底的な影響を与えるものとなったとは言えない。

一方渋沢の海外体験滞在記・旅行記は、親族や友人にあてた「私信」という建前をとることにより、現地の現実を直視し、他者に報告しようという意思が感じられる。こうした渋沢の海外通信は、民族学的・人類学的な長期にわたるフィールドワークに及ぶものではなく、短期滞在者による印象記にすぎないとみなすこともできよう。しかし、渋沢は海外での体験をとおして、柳田・折口・宮本らには足りない、比較文明論的な視座を獲得したことは間違いないように思う。

渋沢はアチック・ミューゼアムに集ってきた若い研究者たちの旅を支援した。昭和一一年（一九三六）に『周防大島を中心としたる海の生活誌』、翌昭和一二年に『河内国瀧畑左近熊太翁旧事談』をアチック・ミューゼアム彙報として出版した宮本常一には、「その勢いで一県一冊ずつ五十冊ほどの民俗誌を書いてみないか」と提案し、宮本も「やってもみましょう」と返事をしたものの実現していない。しかし、宮本のその後の歩みは、渋沢が期待していた以上のものになった。渋沢は宮本以外にたいしても、研究対象が貴重なものだと判断すると、たとえ文章の素人であろうと民俗誌・生活誌の執筆を促し、アチック・ミューゼアム彙報をはじめとする出版物として世に送り出した。宮本が旅から帰ると、渋沢はどんなに忙しくても、土産話に耳を傾けたという。渋沢自身が訪ねたり、調査したりできなかった地域はかぎりない。渋沢はそうした土産話や、アチックで刊行した民俗誌・生活誌をとおして知識を得、自らもまたその地域を旅した感覚を覚えたのではないか。

●思想史の文脈から

ここまで民俗学や民族学の枠を超えて、渋沢敬三の思想や方法、姿勢をみてきた。しかしもっと広い視野で論じること、思想史の文脈で語ることはできないものだろうか。

渋沢と同時代の思想家のなかに比較しうる人物がいないか。そこで思いついたのは渋沢と同じ昭和二九年（一八六九）生まれで、〝知の巨人〟と呼ばれることもある評論家、翻訳家、編集者の林達夫（一八九六〜一九八四）である。なお詩人の宮沢賢治も渋沢・林と同い年で渋沢の二日後（八月二七日）に生まれている（一九三三年没）。

林達夫は、両大戦間、第二次大戦中、戦後の時期を通じ、反戦と自由主義の立場を貫いた日本の代表的知識人と称される。外交官林曽登吉の長男として東京に生まれ、幼少期をアメリカのシアトルで過ごした。第一高等学校を中退したのち、京都帝国大学哲学科選科で美学及び美術史を専攻し、同科修了後、結婚して神奈川県藤沢市の鵠沼《くげぬま》に住んだ。東洋大学文化科教授に就くなど大学で教える一方、岩波書店の雑誌『思想』や『岩波講座 世界思潮』の編集に携わる。また唯物論研究会の幹事や、昭和研究会内の文化研究会にオブザーヴァーを務めた。写真家集団「日本工房」の顧問、対外宣伝雑誌『ＦＲＯＮＴ』の発行元である東方社の理事、理事長にもなった。『ＦＲＯＮＴ』には、渋沢と交流がある岡正雄、岡田桑三がスタッフとして関わっている。

戦時中、文筆家として沈黙を貫いたが、昭和二一年（一九四六）の「反語的精神」で復活。昭和二六年にはスターリニズムを鋭く、またいち早く批判した「共産主義的人間」を発表した。中央公論出版局長などを経て、鎌倉大学校（のちの鎌倉アカデミア）に参加し、明治大学教員としても活躍。昭和二六年、平凡社の幹部編集者として、『児童百科事典』『哲学辞典』の企画編集に携わるとともに、昭和二九年、『世界大百科事典』の編集責任者となった。昭和三〇年に「世界大百科事典を薦める会」が結成され、五人の世話人が選ばれたが、渋沢敬三も国際電信電話社長の肩書で名前を連ねている。

該博な知識を基本として、日本の知的状況にたいして関心を持ち続け、政治的事象についても、思想的かつ本質的に考察し、人間精神に根ざした洞察的な批評を執筆した。その著作は『林達夫著作集』(全六巻)に収められ、またファーブルの『昆虫記』、ヴォルテールの『哲学書簡』、アンリ・ベルクソンの『笑い』などを訳している。

渋沢敬三と林達夫のあいだには、これまで見てきたところでは明確な接点を見つけることはできない。林達夫は自由主義を貫き、啓蒙的・体系的・学際的という意味で、日本における「百科全書派」の代表的人物だというふうに評価されている。じつは渋沢にも共通した思想的性格があったように思うのだがどうだろうか。

佐藤健二は渋沢敬三の思想を整理して、「生態学の思想」「資料集の思想」「研究会の思想」「博物館の思想」の四つを挙げていた。このうち「生態学の思想」を除く三つは、百科全書的・百科事典的な知性とどこか通底するところがある。

資料収集への情熱と、その保存と継承の模索。研究会を組織することによる資料の読解・分析。九学会連合の組織化も、学際的知性の希求そのものだった。渋沢が情熱を注いだいくつかの博物館構想は、建築・設備といったハードにとどまらず、渋沢の世界観・歴史観を表わす思想、ソフトこそが重要だったことは言うまでもない。

林達夫という百科全書的知性、批評精神の鋭さやしなやかな自由主義は、持続的な尊敬を集めている。渋沢敬三も左右のイデオロギーにたいして距離をおき、時代の趨勢におもねることはなかった。ただ渋沢の場合、文筆家としての業績が見えにくいこと（林も寡作の部類だったが）、また実業家・財界人・政治家として歴史の表舞台に立ち続けた（立ち続けさせられた）という側面を伴うため、知の綜合を目指した思想家であったにも関わらず、そうした側面が捉えにくいのかもしれない。「昭和」という困難な時代を並走しながら、林は知の王道を進んだ。渋沢は経済・経営、政治の現実に翻弄されながら、あえて傍流の体系化を図ったと見ることもできるのではないか。

そのうえで、渋沢には林にはないある種の泥臭さが感じられる。学究肌で、出自からくる品のよさとともに、農山漁村の細道を歩き、民具を調べ、映像記録を残すなど、博物館に資する資料を自分の足で集めた。そういう姿を思い浮かべたとき、渋沢は林達夫的な合理的知性とはまた違う、野生の思想家だったと言ってよい。

ここでは試論を述べたまでだが、渋沢敬三と同時代を生きた思想家たちと積極的に比較していく作業がこれからは望まれる。

●渋沢敬三は〝オルタナティブ〟だったのか

渋沢敬三が「失敗史は書けぬものか」という文章を書いていることはすでに述べたとおりである。記録資料の蓄積において「失敗史」こそが重要なのだという考え方だ。渋沢は企業や組織の「社史」の類が、「失敗」にふれない、底の浅いものになってしまう傾向を批判している。「失敗」や

「挫折」からこそ学びうるのではないか。こうした意識の持ち方にも渋沢の思想が現われている。

渋沢敬三の思想に光をあてることは、現在進行形の社会の変動、また民俗の変化を考えていくうえで、きわめて有効なことなのではないか。渋沢は間違いなく巨人だったが、歴史を見据える巨視的な眼と同時に、微視的な眼を民俗に注いだ。

渋沢がこの列島の村里の小さな祭に注いだ渋沢のまなざしを思いうかべる。失敗史をも小さな祭も、日本の多くの近代人が見過ごしてきたものだ。そうしたまなざしにこそ渋沢のオルタナティブ性が発揮され、この社会をこれからも照らしだしていくことだろう。

渋沢敬三　年譜

＊年齢は満年齢

明治29年（1896年）0歳　父・渋沢篤二、母・敦子の長男として都内深川に生まれる。

明治36年（1903年）7歳　東京高等師範学校附属小学校に入学。

明治41年（1908年）12歳
1月1日　「少年腕白倶楽部」を組織し、『腕白雑誌』第1号を発行。
三田綱町邸竣工、移転。

明治42年（1909年）13歳
4月　東京高等師範学校附属中学（以下、附中）に入学（2年までお茶の水、のち大塚）。

大正2年（1913年）17歳　栄一の継嗣となる。

大正4年（1915年）19歳
4月　附中卒業。早稲田予備校に通う。
4月1日　渋沢同族株式会社設立、同社長就任。
7月　仙台・第二高等学校（以下、二高）受験、合格。
9月11日　二高、第一部英法文科入学。

大正6年（1917年）21歳
11月　満州・朝鮮旅行。

大正7年（1918年）22歳
7月　二高卒業。
9月　東京帝国大学（以下、東京帝大）法科経済科入学。

大正9年（1920年）24歳
5月　東京帝大、山崎覚次郎博士のゼミナールで研究、「ビュッヘル氏の所謂工業経営階段と本邦に於ける其の適用に就て」を提出。

大正10年（1921年）25歳
2月2日　第1回アチック会合。
3月　東京帝大経済学部卒業。
4月　横浜正金銀行へ入行。
5月22日　第3回アチック会合。この時よりアチックミューゼアムソサエティーと命名。

大正11年（1922年）26歳
5月23日　登喜子と結婚。9月17日、横浜正金銀行ロンドン支店転任のため神戸出帆。11月、ロンドン着。

大正12年（1923年）27歳
9月　関東大震災の報に驚く。
11月　イタリア旅行。

大正14年（1925年）29歳
2月27日　長男・雅英誕生。
7月　帰朝発令。
8月3日　横浜着。
12月　横浜正金銀行退職。

大正15年（1926年）30歳
1月25日　澁澤倉庫取締役に就任。
7月　第一銀行取締役に就任。
7月　東京貯蓄銀行取締役に就任。

昭和2年（1927年）31歳
2月11日　敬三・次男、紀美生まれる。
2月21日　東洋生命取締役に就任。
3月　金融大恐慌が起こる。
11月25日　理化学興業監査役に就任。

昭和3年（1928年）32歳
4月9日　紀美、出血症にて死去。

昭和4年（1929年）33歳
3月　綱町邸改造に着手。

昭和5年（1930年）34歳

1月30日　敬三・長女、紀子生まれる。
4月13日　早川孝太郎著『花祭』の刊行と綱町邸改造を機に、三河の花祭を邸内で実演。

昭和6年（1931年）35歳
1月27日　東京貯蓄銀行会長に就任。
11月11日　祖父・栄一永眠。
12月　栄一の死去により、子爵襲爵。栄一の看病による過労にて急性糖尿病を患い、年末より呉内科に入院。

昭和7年（1932年）36歳
1月～5月　三津の松濤館に静養。この間、豆州内浦漁民史料発見整理。
2月13日　『青淵遺影』刊行。
8月　第一銀行常務取締役就任。
10月6日　父・篤二永眠。

昭和8年（1933年）37歳
7月2日　敬三・次女、黎子生まれる。祖父・青淵翁記念として竜門社に実業博物館設立を提唱。
12月　『祭魚洞雑録』刊行。

昭和9年（1934年）38歳
日本民族学会を設立し、理事となる。

昭和12年（1937年）41歳
8月　アチック・ミューゼアムより『豆州内浦漁民史料』（上巻）刊行。東京保谷に民族学博物館を開設し、アチック・ミューゼアムの資料を移管する。

昭和14年（1939年）43歳
5月13日　竜門社、「渋沢青淵翁記念実業博物館」建設地鎮祭挙行。

昭和15年（1940年）44歳
4月30日　『豆州内浦漁民史料』の編纂・出版に対し日本農学賞を受賞。

昭和16年（1941年）45歳
6月　全国貯蓄銀行協会会長に就任。
12月　第一銀行副頭取に就任。

昭和17年（1942年）46歳
3月14日　日本銀行（以下、日銀）副総裁就任、これに伴い第一銀行など辞任。
7月　田中啓文の蒐集にかかる銭幣館コレクションの保存のため、日銀への移管を決定。アチック・ミューゼアムを日本常民文化研究所と改称。

昭和18年（1943年）47歳
3月6日　母・敦子永眠。
11月　大東亜会議に来日のスバス・チャンドラ・ボース、約4週間綱町邸に逗留。
11月　祖父・栄一の十三回忌に当たり、『青淵論語文庫目録』を刊行。

昭和19年（1944年）48歳
3月18日　日銀総裁に就任。
4月14日　大蔵省顧問となる。

昭和20年（1945年）49歳

3月17日　貴族院子爵議員に当選。
5月　大空襲。日銀副総裁谷口恒二が行方不明になる（のちに渋沢総裁宛遺書が発見される）。
8月15日　敗戦。
9月　日本民族学協会会長就任（理事長兼務）。
9月28日　内務省顧問となる。
10月9日　幣原喜重郎より組閣本部に招かれ大蔵大臣を受諾、親任。

昭和21年（1946年）50歳
4月16日　幣原内閣、インフレ対策として新円切替発表。
4月22日　幣原内閣総辞職。澁澤同族株式会社が財閥解体の持株会社指定を受ける。
8月8日　公職追放。蔵相として自ら創設した財産税のため三田の自邸物納。

昭和22年（1947年）51歳
6月7日〜8日　第1回六学会連合大会を会長として開催。
10月　朝日新聞社会議室でミナカタソサエティ準備会が開催され代表に就任。この頃畑作りに専念。

昭和24年（1949年）53歳　日本常民文化研究所が水産庁から水産資料の調査保存を委託され、東海区水産研究所内に月島分室を置く。

昭和25年（1950年）54歳　日本常民文化研究所が財団法人日本常民文化研究所となる。

昭和26年（1951年）55歳　8月24日　公職追放が解除される。

昭和27年（1952年）56歳

4月15日　貯蓄増強中央委員会会長に就任。

5～8月　MRA（道徳再武装運動）大会出席を機に30年ぶりの欧米旅行。貯蓄映画「ママの独りごと」に轟夕起子と出演。

昭和28年（1953年）57歳

3月17日　沖縄戦災校舎復興後援会会長就任。

3月20日　国際電信電話株式会社取締役社長就任。

昭和29年（1954年）58歳

2月26日　ICC（国際商業会議所）日本国内委員会議長に就任。

9月　『祭魚洞襍考』刊行。

9月　財団法人「国際商業会議所東京総会運営会」が設立され、運営会会長および運営会議会長に就任。

10～11月　ICC本部会議予算委員会日本代表に推され、パリの常任理事会に出席。

昭和30年（1955年）59歳

4月　渋沢栄一伝記資料刊行会より『渋沢栄一伝記資料』刊行開始。

5月15日～21日　ICC東京大会（第15回ICC総会）開催。

5月　『東北犬歩当棒録』刊行。日本常民文化研究所月島分室閉鎖。

昭和31年（1956年）60歳

2月　財団法人日本文化放送協会が改組し株式会社文化放送設立、会長に就任。

8月13日～19日　国策研究会訪台団の一員として台湾に渡り、蒋介石以下、要人と会談。

10月17日　財団法人日本モンキーセンター会長に就任。

昭和32年（1957年）61歳

4～5月　第16回ICC総会に日本代表団団長として出席のため渡欧。

7月18日　外務省顧問に就任。

8月～10月　「移動大使」として中南米諸国を歴訪。

昭和33年（1958年）62歳

7月　『南米通信――アマゾン・アンデス・テラローシャ』刊行。

昭和34年（1959年）63歳

3月　『明治前日本漁業技術史』刊行。

10月　『日本魚名の研究』刊行。

昭和35年（1960年）64歳

10月31日　熊本大学における第15回日本人類学会・日本民族学協会連合大会に出席して発病。

11月7日　東京大学医学部附属病院に入院、療養。

昭和36年（1961年）65歳

1月17日　健康を回復し、退院。一時、会社に出勤する。

9月　『犬歩当棒録――祭魚洞雑録第三』刊行。

昭和37年（1962年）66歳

2月　腎機能不全のため、虎の門病院に入院。療養生活を送る。

11月　『日本釣漁技術史小考』刊行。

昭和38年（1963年）67歳

1月16日　昭和37年度「朝日賞」文化賞受賞、贈呈式に出席。

6月15日　東洋大学より文学博士の名誉学位を受けその贈呈式に出席。

8月18日　病状悪化し、虎の門病院に再入院。

10月　父・篤二の三十三回忌の供養として『瞬間の累積――渋沢篤二明治後期撮影写真集』を刊行、同時に祖父・栄一の三十三回忌供養として『青淵詩歌集』を刊行。

10月25日　虎の門病院に入院中、糖尿病に委縮腎を併発し、午後9時30分死去。その直前に勲一等瑞宝章を授与。

＊渋沢敬三記念事業実行委員会「渋沢敬三アーカイブ―生涯、著作、資料―渋沢敬三記念事業公式サイト」その他を参照した。

参考文献一覧

＊文庫版が複数刊行されている場合、最新のものを記載。

網野善彦・澁澤雅英・二野瓶徳夫・速水融・山口和雄・山口徹編『澁澤敬三著作集』全五巻、平凡社、一九九二年〜九三年
第1巻　祭魚洞雑録・祭魚洞襍考　一九九二年
解説／山口和雄「渋沢敬三、人と仕事——戦前を中心に」、網野善彦「被差別部落・「原始民族」への言及について」
月報／伊谷純一郎「渋沢敬三先生と日本の霊長類学」、杉本行雄「栄一、敬三両先生の住まわれた家」
第2巻　日本魚名の研究・日本釣漁技術史小考　一九九二年
解説／二野瓶徳夫「日本漁業史研究の先覚者」
月報／古島敏雄「渋沢先生との出会い」、中根千枝「民族学の育ての親、渋沢敬三氏」
第3巻　犬歩当棒録・東北犬歩当棒録　一九九二年
解説／網野善彦「渋沢敬三の学問と生き方網」
月報／山崎豊子「石の地蔵さん」、速水融「月島時代のアチック」
第4巻　南米通信・雁信集・旅譜と片影　一九九三年
解説／渋沢雅英「旅の人生、父渋沢敬三の思い出」

月報／阪谷芳直「渋沢敬三氏の二高進学のことなど」
第5巻　未公刊論文・随想・年譜・総索引　一九九三年
解題／山口徹「渋沢敬三を再評価するために」
月報／網野善彦・宮田登「対談：渋沢敬三の仕事と意義」

＊

網野善彦『宮本常一『忘れられた日本人』を読む』岩波セミナーブックス、二〇〇三年（岩波現代文庫、二〇一三年）
網野善彦『古文書返却の旅――戦後史学史の一齣』中公新書、一九九九年
飯田卓「財団法人日本民族学協会（1942年～1964年）と附属民族学博物館（1937年～1962年）――アーカイブズ資料をとおしてその性格をふり返る」『文化人類学』第八五巻第二号、日本文化人類学会、二〇二〇年
池田彌三郎・宮本常一・和歌森太郎編『日本の民俗11　民俗学のすすめ』河出書房新社、一九六五年
石井正己「西東京市の屋敷林を考える」『東京学芸大学紀要 人文社会学系』六九、二〇一八年
石川直樹・須藤功・赤城耕一・畑中章宏『宮本常一と写真』コロナ・ブックス、平凡社、二〇一四年
石田五郎『野尻抱影――聞書〝星の文人〟伝』シリーズ民間日本学者、リブロポート、一九八九年（改題『星の文人 野尻抱影伝』中公文庫、二〇一九年）
大蔵省財政金融研究所財政史室編『大蔵省史――明治・大正・昭和　第3巻』大蔵財務協会、一九九八年
大谷明史『渋沢敬三と竜門社――「伝記資料編纂所」と「博物館準備室」の日々』勉誠出版、二〇一五年

岡茂雄『本屋風情』平凡社、一九七四年（角川ソフィア文庫、二〇一八年）
加藤幸治『郷土玩具の新解釈――無意識の〝郷愁〟はなぜ生まれたか』社会評論社、二〇一一年
加藤幸治『渋沢敬三とアチック・ミューゼアム――知の共鳴が創り上げた人文学の理想郷』勉誠出版、二〇二〇年
門田岳久『〈抵抗〉の民俗学――地方からの叛逆』慶應義塾大学出版会、二〇二三年
神奈川大学日本常民文化研究所編『歴史と民俗39　特集 渋沢敬三と日本の近代』平凡社、二〇二三年
鹿野政直『近代日本の民間学』岩波新書、一九八三年
幡鎌真理「「ニコボツ」の精神」『グローカル天理』第五号通巻二八一号、天理大学、二〇二三年
唐澤太輔『南方熊楠――日本人の可能性の極限』中公新書、二〇一五年
川越仁恵「非言語情報を用いた新たな経営史分析手法の提起――渋沢敬三の社会経済思想と日本実業史博物館構想をヒントとして」『経営論集』第二六巻第一号、文京学院大学、二〇一六年
川崎賢子・原田健一『岡田桑三　映像の世紀――グラフィズム・プロパガンダ・科学映画』平凡社、二〇〇二年
川島秀一編『やま かわ うみ別冊　渋沢敬三 小さき民へのまなざし』アーツアンドクラフツ、二〇一八年
川添登・山岡義典編『日本の企業家と社会文化事業――大正期のフィランソロピー』東洋経済新報社、一九八七年
木村哲也『『忘れられた日本人』の舞台を旅する――宮本常一の軌跡』河出書房新社、二〇〇六年（河出文庫、二〇二四年）
北村皆雄「宮本馨太郎、始まりの映像民俗学」『季刊 東北学 第四号　特集・宮本常一、映像と民俗のはざまに』二〇〇五年、東北芸術工科大学東北文化研究センター発行・柏書房発売

見城悌治『評伝・日本の経済思想　渋沢栄一――「道徳」と経済のあいだ』日本経済評論社、二〇〇八年
国文学研究資料館編「企画展示　渋沢敬三からのメッセージ　渋沢栄一「青淵翁記念室」の復元×渋沢敬三の夢みた世界」リーフレット、国文学研究資料館、二〇一三年
小林光一郎「アチックミューゼアムの研究における渋沢敬三のポジション―イトマン・移動・出漁を事例に」『国際常民文化研究叢書』一〇、神奈川大学国際常民文化研究機構、二〇一五年
国立民族学博物館監修『渋沢敬三没後50年　屋根裏部屋の博物館　ATTIC MUSEUM』淡交社、二〇一三年
近藤雅樹編『図説　大正昭和　くらしの博物誌――民族学の父・渋沢敬三とアチック・ミューゼアム』ふくろうの本、河出書房新社、二〇〇一年
今和次郎「常民博物館を育てた渋沢さんの周辺」『澁澤敬三　上』澁澤敬三伝記編纂刊行会、一九七九
佐々木秀彦『文化的コモンズ――文化的施設がつくる交響圏』みすず書房、二〇二四年
佐藤健二「渋沢敬三とアチック・ミューゼアム」『日本の企業家と社会文化事業――大正期のフィランソロピー』東洋経済新報社、一九八七年
佐藤健二「渋沢敬三における「学問」と「実業」」『歴史と民俗39　特集　渋沢敬三と日本の近代』平凡社、二〇二三年
佐野賢治「常民へのまなざし――神奈川大学日本常民文化研究所」『有鄰』四九二号、二〇〇八年
佐野賢治「〝民〟の発見――民具・民芸から民俗まで」『人類学研究所研究論集』第二号、二〇一五年
佐野眞一『旅する巨人――宮本常一と渋沢敬三』文藝春秋、一九九六年（文春文庫、二〇〇九年）
佐野眞一『渋沢家三代』文春新書、一九九八年
柴崎茂光「宮本瑞夫・佐野賢治・北村皆雄・原田健一・岡田一男・内田順子・高城玲『ＤＶＤブック　甦る民俗映像―渋沢敬三と宮本馨太郎が撮った１９３０年代の日本・アジア―ライブラリー版』書評」『林業

経済』七三巻五号、林業経済研究所、二〇二〇年
澁澤敬三先生景仰録編集委員会編著『澁澤敬三先生景仰録』東洋大学、一九六五年
澁澤敬三伝記編纂刊行会編『澁澤敬三』（上・下）澁澤敬三伝記編纂刊行会、一九七九年・八一年
渋沢史料館編『渋沢敬三没後50年 企画展　祭魚洞祭』図録、渋沢史料館、二〇一三年
渋沢雅英『父・渋沢敬三』実業之日本社、一九六六年
島田正和『渋沢栄一――社会企業家の先駆者』岩波新書、二〇一一年
島田正和「渋沢敬三の社会経済思想――実業史博物館構想に見る経済史・経営史の方法」『企業家研究』第一五号、企業家研究フォーラム、二〇一八年
新谷尚紀『民俗学とは何か――柳田・折口・渋沢に学び直す』吉川弘文館、二〇一一年
鈴木正崇「澁澤民間学」の生成――澁澤敬三と奥三河」『国際常民文化研究機構年報』、二〇一〇年
鈴木通大「日本民俗学と民具研究の軌跡――民具研究をめぐる柳田国男と渋澤敬三を中心に」『神奈川県立博物館研究報告』第一一号、一九八三年
須藤功『早川孝太郎――民間に存在するすべての精神的所産』ミネルヴァ日本評伝選、ミネルヴァ書房、二〇一六年
竹内芳太郎「民家をそこなうもの――柳さんの死をいたんで」『民俗』第五巻第二号、日本民家集落博物館、一九六一年
谷澤毅「渋沢敬三　財界人と学者のあいだ――「忙中」に「閑」を求めて」『長崎県立大学経済学部論集』第四八巻第四号、二〇一五年
辻本侑生「渋沢敬三と銀行調査部――民間企業における「調査」の系譜」『歴史と民俗39　特集　渋沢敬三と日本の近代』平凡社、二〇二三年

鶴見俊輔『鶴見俊輔集8　私の地平線の上に』筑摩書房、一九九一年
鶴見太郎『柳田国男入門』角川選書、二〇〇八年
鶴見太郎『橋浦泰雄伝——柳田学の大いなる伴走者』晶文社、二〇〇〇年
鶴見太郎『民俗学の熱き日々——柳田国男とその後継者たち』中公新書、二〇〇四年
鶴見和子『日本民俗文化大系4　南方熊楠——地球志向の比較学』講談社、一九七八年（講談社学術文庫、一九八一年）
内藤久義「花を継ぐもの——アチックミューゼアムから花祭の未来へ」『神奈川大学国際常民文化研究機構年報』、二〇一一年
難波秋音「国立民族学博物館監修『渋沢敬三没後50年　屋根裏部屋の博物館　ATTIC MUSEUM』」書評」『GCAS Report　学習院大学大学院人文科学研究科アーカイブズ学専攻研究年報』Vol.5、二〇一六年
畑中章宏『柳田国男と今和次郎——災害に向き合う民俗学』平凡社新書、二〇一一年
畑中章宏『『日本残酷物語』を読む』平凡社新書、二〇一五年
畑中章宏「「百姓」のフォークロア——塩・柿・蚕」『現代思想二〇一五年二月臨時増刊号　総特集　網野善彦——無縁・悪党・「日本」への問い』青土社、二〇一五年（『死者の民主主義』トランスビュー、二〇一九年）
畑中章宏『今を生きる思想　宮本常一——歴史は庶民がつくる』講談社現代新書、二〇二三年
八久保厚志・須山聡「渋沢フィルムの図像解析とその応用」『年報　人類文化研究のための非文字資料の体系化』第一号、神奈川大学21世紀COEプログラム研究推進会議、二〇〇四年
八久保厚志・平井誠・鄭美愛・藤永豪「「澁澤写真」の体系的研究と課題——地理学的視座からの経験」『非文字資料から人類文化へ　研究参画者論文集』神奈川大学21世紀COEプログラム研究推進会議、

二〇〇八年
早川孝太郎『花祭』（前編・後編）岡書院、一九三〇年（講談社学術文庫、二〇〇九年）
原島陽一「日本実業史博物館準備室旧蔵資料のうち「広告の部」資料について」『国文学研究資料館紀要 アーカイブズ研究編』第一号通巻第三六号、人間文化研究機構国文学研究資料館、二〇〇五年
原田健一「モノをめぐる渋沢敬三の構想力――経済と文化をつなぐもの」『神奈川大学国際常民文化研究機構年報』、二〇一〇年
藤井隆至『評伝・日本の経済思想 6 柳田国男――『産業組合』と『遠野物語』のあいだ』日本経済評論社、二〇〇八年
丸山泰明『渋沢敬三と今和次郎――博物館的想像力の近代』青弓社、二〇一三年
丸山泰明「渋沢敬三のヨーロッパと南島への旅――他者へのまなざしと自己への内省」『歴史と民俗39 特集 渋沢敬三と日本の近代』平凡社、二〇二三年
三隅治雄・川添登『日本民俗文化大系7 早川孝太郎・今和次郎』講談社、一九七八年
宮本常一『忘れられた日本人』未來社、一九六〇年（岩波文庫、一九八四年）
宮本常一『庶民の発見』未來社、一九六一年（講談社学術文庫、一九八七年）
宮本常一『民俗学の旅』文藝春秋、一九七八年（講談社学術文庫、一九九三年）
宮本常一『日本民俗文化大系3 澁澤敬三――民族学の組織者』講談社、一九七八年
宮本常一『民具学の提唱』未來社、一九七九年
宮本常一『塩の道』一九八五年、講談社学術文庫
宮本常一『宮本常一著作集第1巻 民俗学への道』未來社、一九六八年
宮本常一『宮本常一著作集第10巻 忘れられた日本人』未來社、一九七一年

宮本常一『宮本常一著作集第45巻　民具学試論』未來社、二〇〇五年
宮本常一『宮本常一著作集第51巻　私の学んだ人』未來社、二〇一二年
宮本常一著、田村善次郎編『宮本常一の本棚』八坂書房、二〇一四年
宮本常一「常民文化のオルガナイザー・渋沢敬三」「民衆の歴史を求めて」『日本の民俗11　民俗学のすすめ』河出書房新社、一九六五年
宮本瑞夫・佐野賢治・北村皆雄・原田健一・岡田一男・内田順子・高城玲『DVDブック　甦る民俗映像――渋沢敬三と宮本馨太郎が撮った1930年代の日本・アジア　ライブラリー版』岩波書店、二〇一六年
安室知「渋沢敬三と魚名研究――その特徴と学史的意義」『国際常民文化研究叢書』一三、二〇一九年
柳田国男・柳宗悦・比嘉春潮・式場隆三郎「民芸と民俗学の問題」『月刊民芸』一九四〇年四月号、日本民芸協会（『民俗学について――第二柳田國男対談集』筑摩叢書、一九六五年）
山崎豊子『暖簾』東京創元社、一九五七年（新潮文庫、一九六〇年）
山永尚美「宮本瑞夫ほか編『甦る民俗映像――渋沢敬三と宮本馨太郎が撮った1930年代の日本・アジア』書評」『GCAS Report　学習院大学大学院人文科学研究科アーカイブズ学専攻研究年報』Vol.6、二〇一七年
由井常彦・武田晴人編『歴史の立会人――昭和史の中の渋沢敬三』日本経済評論社、二〇一五年
吉野俊彦『歴代日本銀行総裁論――日本金融政策史の研究』毎日新聞社、一九七六年（講談社学術文庫、二〇一四年）
龍澤潤「渋沢栄一と江東区」全一〇回、『カルチャーナビkoto』公益財団法人江東区文化コミュニティ財団、二〇二一年五月号～二二年二月号
若林恵・畑中章宏『『忘れられた日本人』をひらく』黒鳥社、二〇二三年

渡辺尚志『海に生きた百姓たち――海村の江戸時代』草思社、二〇一九年（草思社文庫、二〇二二年）

WEB資料

渋沢敬三記念事業実行委員会「渋沢敬三アーカイブ―生涯、著作、資料― 渋沢敬三記念事業公式サイト」
国立民族学博物館「日本民族学協会附属民族学博物館（保谷民博）人物／資料データベース」

＊本書に引用した渋沢敬三の文章には、当時の社会状況や通念を反映して、差別や偏見をともなう記述や用語が見られるが、これらの文章の歴史的性格を考慮して原文のまま収録した。

あとがき

最近出した数冊の本が、文献を漁って書き下ろしたものばかりだったので、今回の本にかこつけて旅をしたくなった。

とは言っても、本書の主人公渋沢敬三にかかわる場所というと、東京の深川か飛鳥山あたりになってしまう。しかし、深川は十数年ほど対岸に住み、澁澤倉庫の本社を見ながらジョギングしたりしていたし、飛鳥山の渋沢史料館も都電荒川線に乗って何回も訪問している。また渋沢一族の出自、埼玉県深谷の血洗島も、訪ねたことがあった。そこで思いついたのが、病気療養中に大川家文書と出会った豆州内浦なら行ったことがないし、こんな機会でもなければ行くこともないので、旅先に選んでみることにしたのだった。

豆州内浦は現在の静岡県沼津市、レジャー施設「伊豆・三津シーパラダイス」がある内浦三津、隣り合った内浦長浜からなり、大川家は長浜にいまもあるらしい。

沼津駅からバスに乗り、沼津御用邸記念公園や渋沢敬三が少年時代の穂積一家と夏休みを過ごした静浦、円錐形の淡島を横目で見ながら四〇分ほど行くと内浦三津に着く。私が訪ねた七月初めは海水浴客などもまだ来ていない時期で、しかし四〇度に達するかもしれないという猛暑の予報で、屋外の人影もまばらだった。案の定サイレンが鳴り、「外出を避けてください」という放送も聞こえてきた。

シーパラダイスの手前には、渋沢敬三が療養のため長期滞在した老舗旅館がある。シーパラダイスでイルカショーでも見れば少しは涼を得られるのかもしれないが、短いトンネルを抜けて、三津の隣の長浜に向かう。

海岸沿いの通りから一本入った道沿いに、大川家は豪壮な長屋門を構えていた。敷地への立ち入りは禁止されているし、午前中からとにかく暑いので、三の浦総合案内所という施設で涼むことにした。じつは内浦三津と長浜あたりは、もう最盛期は過ぎたものの、数年前から「ラブライブ！サンシャイン!!」というアニメの聖地になっていて、案内所のなかもそうしたグッズやフィギュアで埋め尽くされていた。だから、当然と言えば当然のことだが、渋沢敬三や大川家、『豆州内浦漁民史料』に関する情報が得られるような雰囲気は全くしない。しかし、アニメの聖地巡礼も現代における一つの民俗だし、にわかに調べてみたところ「ラブライブ！　サンシャイン!!」のメインキャラクターのひとり黒澤ダイヤは古い網元である名家の子女という設定らしい。ただいくらなんでも、渋沢敬三と結びつけるのは強引すぎるだろう、とつぶやきながら海辺に出ると、淡島の向こうに夏の富士山がうっすらと浮かんでいたのだった……。

長々と駄文を書き連ねてしまったが、本書の執筆経緯を簡単に記しておこう。渋沢敬三について一冊書き下ろしたいと思ったのは、今年の六月にNHK Eテレで放映された「100分de名著『忘れられた日本人』」の番組制作がほぼ決まったころのことだった。渋沢敬三は宮本常一の民俗学と切っても切れない関係で、その関係は佐野眞一さんの『旅する巨人――宮本常一と渋沢敬三』で広く周知されている。だが、宮本常一の『忘れられた日本人』が多くの人に開かれるだろうこの機会に、改めて渋沢敬三の仕事を勉強したいと思ったのである。ただそう言えば、いまから一一年前、飛鳥山の渋沢史料館で「渋沢敬三没後50年 企画展 祭魚洞祭」を観たとき、漠然といつか、渋沢敬三の本を書いてみたいと妄想したことを思い出してもいる。本当は、「100分de名著」の放映中にでも刊行したかったのだが、力及ばずで、九月に世に出ることになりそうだ。そんないい加減な筆者におつきあいいただいた現代書館編集部の重留遥さんに心からお礼を申し上げます。

畑中章宏

二〇二四年初夏

畑中章宏（はたなか・あきひろ）
民俗学者。一九六二年大阪府生まれ。近畿大学法学部卒業。災害伝承・民間信仰から、最新の風俗・流行現象まで幅広いテーマに取り組む。著書に『天災と日本人』『廃仏毀釈』（ちくま新書）、『柳田国男と今和次郎』『『日本残酷物語』を読む』（平凡社新書）、『災害と妖怪』『忘れられた日本憲法』（亜紀書房）、『21世紀の民俗学』（KADOKAWA）、『死者の民主主義』（トランスビュー）、『五輪と万博』（春秋社）、『宮本常一』（講談社現代新書）ほか。

傍流《ぼうりゅう》の巨人《きょじん》　渋沢敬三《しぶさわけいぞう》
――民俗《みんぞく》と実業《じつぎょう》の昭和史《しょうわし》

二〇二四年九月三十日　第一版第一刷発行

著　者　畑中章宏
発行者　菊地泰博
発行所　株式会社現代書館
東京都千代田区飯田橋三―二―五
郵便番号　102-0072
電　話　03（3221）1321
F　A　X　03（3262）5906
振　替　00120-3-83725
組　版　具羅夢
印刷所　平河工業社（本文）
東光印刷所（カバー・帯・表紙・扉）
製本所　積信堂
装　幀　伊藤滋章

校正協力・高梨恵一
 ISBN978-4-7684-5962-1
定価はカバーに表示してあります。乱丁・落丁本はおとりかえいたします。
http://www.gendaishokan.co.jp/

活字で利用できない方のための
テキストデータ請求券
『傍流の巨人　渋沢敬三』

主要参考文献

	『日本列島改造論』	日刊工業新聞社編	『政治家田中角栄』	早坂茂三	『田中角栄の昭和』

40

104